国际贸易经典译丛·简明系列

国际商务伦理

（第三版）

查尔斯·米歇尔（Charles Mitchell）/著
倪晓宁　王丽君　孔存节　王　丽/译
倪晓宁/校

A Short Course in International Business Ethics

（3rd Edition）

中国人民大学出版社
·北京·

目　录

国际商务伦理（第三版）

第一章

伦理为何如此重要？

一个人越了解伦理，就会越多地践行它，伦理本身也会更有价值。——柏拉图

关于国际商务伦理的讨论和国际商务本身一样年代久远。在过去几十年里，商业伦理主要是在商学院讲授并在学术界讨论的一门学科。它对国际商务领域影响甚微，商业中的普遍态度就是事事皆可行，人人皆可付钱来达成交易。直至最近，多国政府（包括法国、日本、德国）意识到在世界某些地区做生意的实际状况，才开始允许公司用企业所得税来冲销其海外行贿款项。

伦理挑战无处不在

每一位主管，每一个董事会，无论其在何处，都曾面临过挑战了他们伦理标准的决定。所采取的行动方案通常并不符合基本的伦理标准。换句话说，这很糟糕。

一家试图进入亚洲市场的欧洲制造企业，被要求向一家由高级政府官员的兄弟管理的慈善机构"捐款"。一家德国药品公司向来自发展中国家的政府卫生官员提供奢华娱乐，诱使其购买该公司的药物。希望成为奥运会举办城市的当

1

地政府，为奥运城市选拔委员会成员的子女安排进入当地大学的机会。一家美国互联网公司在未经顾客同意甚至知悉的情况下，出售其搜集的关于顾客上网习惯的信息。

在上述每个案例中，公司经理可以合理地辩称其正以合法方式追求股东利益。十年前，采取不违反法律的行为追逐利益可能足矣。但是今天，全球商业环境正在改变。无论是在发达国家还是在发展中国家，恪守商业伦理并担当世界良好企业公民的压力在不断增加。

例如：三分之一的英国消费者主张购物时要认真关注伦理问题，尽管其中只有一半顾客能将原则付诸实际行动，根据制造商的声誉而购买（或抵制）其商品。受英国合作银行委托的 MORI 研究公司发现，四分之一的消费者声称至少对公司的社会责任进行过一次调查，二分之一的购物者说他们曾因商家社会责任方面的声誉而购买其产品并向其推荐供应商。报告显示了英国公众对伦理问题意识的提高，以及市场上有伦理导向的产品和服务的繁荣。伦理消费者市场的范围包括从股票投资到青豆的各种产品，每年价值总和约 80 亿英镑，且逐年增长。

■ 伦理：是否有利于收益？

总部位于英国的威尔士王子商业领导论坛与一家名为环境国际有限责任公司的澳大利亚咨询公司共同进行了一次调查，结果显示，在来自 23 个国家的 25 000 名调查对象中，40％的人在过去一年里考虑过要惩罚某家没有社会责任感的公司；一半的被调查者，代表全球五分之一的消费者，不购买或大声反对他人购买被认为逃避了"企业公民"责任的公司所生产的产品。同时，消费者感到购买有社会责任感的公司的产品，就好像"奖励"了该公司一样。

企业领导者和 CEO（首席执行官）读到这些数字后，意识到门槛已经提高。各种大小的公司，特别是跨国公司，更加理解良好企业公民以及遵守规则的底线价值。每个商业人士都在努力去做"正确的事"（虽然常常是受到公司伦理标准和当地法律的敦促），而不是继续保持"为达成交易无所不为"的态度。

所有这些因素，加上大型跨国公司的发展，已经把商业伦理的概念从一个学术科目转变为一种新兴动力。国际商务中的腐败和贿赂连同企业伦理，已经在相互依存的世界经济中作为重要问题而出现。人们不再完全视腐败和贿赂为道德问题，越来越多的人认为腐败和贿赂在削弱公众对政府支持的同时，会阻碍竞争、扭曲贸易并损害消费者和纳税人的利益。因此，越来越多的公司把商业伦理看做底线——而不是道德的可选项。承认伦理有助于公司盈亏意味着伦理正受到前所未有的关注。

出于这个原因，"以符合伦理且负责任的态度行事"将是未来的潮流，只要正确的事同样也是有利可图的。思考下列情况：

- Performance Group 对一个由七家国际公司——沃尔沃、联合利华、孟山都、帝国化学工业公司、德意志银行、伊莱克斯以及格宁公司——组成的财团进行了历时两年的研究，发现提高环保要求以及开发环境友好型产品能够增加公司的每股收益，提高利润率，对赢得新兴市场的合同或投资许可也很重要。
- 美国期刊《商业与社会评论》一项针对 300 家大型公司的研究显示，那些公开做出承诺将按照道德准则行事的公司，较之那些没有这样做的公司，市场附加值是后者的 2～3 倍。
- 德保罗大学的研究发现，那些对伦理原则做出明确承诺的企业要比那些没有这样做的企业效益更好（基于年销售额/收入的值的比较）。

作为问题的一部分的挑战是，企业全球化的速度要快于普遍认同的道德行为准则框架的发展。技术发展带来了几年前根本还不存在的伦理问题。从转基因食品和动物，到克隆人，再到网络隐私权，目前都存在激烈的伦理争论。全球化也使得企业更加频繁地接触其他以不同规则经商的国家和文化（有时很令人惊奇）。这就提出了一个关键性的问题："我们谈论的是谁的伦理？"

企业开始认识到，在开拓有利可图的新市场时，它们必须开始考虑这些新市场的社会进程和文化。虽然还不存在全球性的伦理和行为标准，但总部位于巴黎的国际商会（ICC）、联合国以及美国商务部推广了几个建议标准——世界正在经历一场大融合，来自不同文化的公司和消费者同样重要。例如，不同的价值观和文化普遍认同一个观念，即良好的企业声誉是从事国际商务的竞争优势。至于这一声誉该如何建立则另当别论。

▇ 历史：为什么企业有伦理问题？ _____

我们生活在一个有点儿把实业巨头神化的时代，这些巨头们给新闻和商业杂志封面增彩，显得比激励我们这些普通人成功的生活偶像的形象更高大。细想一下对待商业人士伦理的历史态度，神化他们等同于商业行业的重大回归。（许多商业分析员认为，名人地位实际上已经成为扰乱许多 CEO 注意力的重要原因，这些 CEO 更加关注个人形象而非公司的盈亏和长期业绩。）

当然，过去可不是这样的，而今天在一些社会也仍然不是这样。（例如，对当今俄罗斯的新寡头资本主义的一般态度是进行公然的鄙视和厌恶。）事实上，从人类有记载的历史至今，商人和店主一直处于社会的最底层。做生意和做好人被认为是相互排斥的。

卡尔·马克思，一个失败的股票经纪人成了经济学家，他写道，贪婪是人的本性——当然，他将其视为负面事物。他或许已经懂得其中的道理。如果历史上有什么是持久不变的，那就是人们要一直与利用他人的本能抗争。从公元前18世纪的《汉谟拉比法典》开始，在推行一些基本商业伦理上，社会一直在努力发挥作用。汉谟拉比是古巴比伦的国王，许多人认为古巴比伦是世界上第一个有着井然有序的商业形式的大都市。

该法典用非常清晰的条款制定了社会以及商业规则。可以毫不夸张地将其称为第一部企业道德规范。商人和店主理应遵守规则，否则，不良的经营行为会受到以牙还牙的严厉处罚。例如，如果一个人建造了一所糟糕的房子，之后房子塌了，房主丧生，那么以牙还牙的结果是建造者被处死。如果房主的儿子也因房屋倒塌而丧命，那么建造者的儿子也会被处死。这就是早期对典型的道德行为问题加以处理的提示。

□ 古希腊人

古希腊人继续了古巴比伦的趋势，渲染商人比其他行业之人更缺少诚实的动机和目的。赫耳墨斯，希腊的商业与市场之神，是商人和店主的庇护之神，然而也被认为是小偷的庇护之神。他精明、足智多谋、知识渊博并富有创造力——这些独特品质也是商业领域以及犯罪活动中的重要品质。他在所有的神中行动最敏捷（赫耳墨斯后来成为罗马之神墨丘利），他的主要任务之一是引导亡灵进入冥界。他编造谎言制造幻觉（很遗憾，那时的广告规则中不包含真相），把那些曾与他接触过的人都变成了最初的受骗者。古希腊的祭司，由于渴望维护他们自己的权利，把成功商人与成功骗子的优点都混在一起，这后来成为商人们难以除去的恶名。

□ 世界主要宗教

自从这些宗教诞生以来，它们一直在宣扬商业伦理的需求。《圣经》中写满了对没有社会责任感的财富积累的警告。所有这些似乎都是对成功商业人士的质疑，在某些情况下甚至把商业成功和赚到大钱等同于永恒的诅咒。

例如，《圣经》中的出埃及记（23：6-8）劝告不要用金钱来"疏通关系"，文中写道："你不可接受贿赂，因为贿赂会蒙蔽官员的眼睛，使他颠倒是非。"

《圣经》中的传道书（5：12）劝告不能有太多的商业成功："劳碌的人，不拘吃多吃少，睡得香甜；富人过于富庶会无法安睡。"

伊斯兰教的圣书《古兰经》（104 章）挑出一个不道德的商人，让其永远进入冥府。"伤哉！每个诽谤者，诋毁者。他聚积财产，以御其难。他以为财富能使其永生。绝不然，他必定要被投入灭顶之灾中。"

犹太人的《塔木德经》对任何死后想要进入天堂的商人来说都是必读之书。《塔木德经》详述了死后上帝会问的各种问题。其中第一个问题就是 NASATA V'NETATA BE'EMUNAH，意思是"你是以诚实之心经商的吗?"

主要文学著作对商业的抨击

威廉·莎士比亚在《威尼斯商人》中塑造了夏洛克这一卑鄙的形象（也是不受尊敬的放高利贷者的永恒象征）。夏洛克在要求对方偿还债务时贪婪地索要"一磅肉"。这并不是莎士比亚的疏漏——他通常不太尊重商人和商业领域的人物，把他们塑造成老谋深算、放纵自流的卑鄙小人。这并不是反映了个人态度，而是反映了莎士比亚时代社会的普遍观点。

查尔斯·狄更斯在《双城记》和《圣诞颂歌》这类史诗般的小说中记录了血汗工厂、童工、债务人监狱的惨状，以及对骗子行径和守财奴形象的厌恶。

18 世纪法国著名的哲学家巴尔扎克用他经常重复的语录"在每个巨大财富后面……是罪恶"反映了他那个时代（在许多例子中是现代）的基调。

在日本和英国这样非常不同的文化中，商人、店主或者任何从事商业的人都被高贵之人看不起，但作为不得已的罪恶又得到默认。事实上，近几个世纪英国的阶层体系不是根据财富多少而是根据财富来源来评价一个人。零售业是底层中的最底层。那些拥有"新钱"的人，也就是那些不是通过家庭继承而是通过经商获得财富的人，在社会中几乎没有什么影响力或几乎不受尊重（虽然我们必须去质疑这一社会态度，因为在这种评价中一个因为赌博和无节制而一贫如洗的"地主"可能要比一个努力工作获得成功的商人拥有更多的尊重）。

这种对商业的鄙视和怀疑确实对一些国家的发展产生了影响。例如，中国，一个商人阶级处于社会最底层的国家，曾经处于封建社会阶段长达几个世纪，部分原因就是其对商人所持的质疑态度。

走向接受

在欧洲文艺复兴期间，那些有着商业雄心者的社会地位得到了一些改善。

商人不再被排除在政治权利之外，事实上，在欧洲的很多地区，通过从商追求财富已成为社会接受的职业。这一新获得的社会地位在一定程度上开启了工业革命之门，并通过个人从商积累了巨额财富。

尽管对财富积累已经产生了某种不情愿的佩服，或至少可以说是一种接受，但是美国的工业家们到19世纪中期破坏了所有已获得的声誉。他们理所当然被称为"敛财大亨"，无情地经营着铁路和钢厂，操纵着金融市场，而毫不考虑员工、顾客或公众的利益。垄断策略、掠夺性定价以及近乎奴隶般的劳动条件，都是大企业的基本做法。这也解释了成功资本家的形象为什么通常是肥胖、穿着过于花哨并抽着雪茄的白种人，有着煤块般坚硬的心，并且毫无社会责任感。难怪经过这个可怕的商业行为时期就迎来了工会主义的诞生，人们寻求以更友善、更平和的方式经商。至少在美国，依然能感受到缺乏商业责任的时代所遗留下来的习惯。

福特平托车和全球伦理兴起

20世纪的两次世界大战给大企业降了温，美国人"对通用公司有益，就对国家有益"的心态也是短暂的。1965年拉尔夫·纳德的作品《任何速度都不安全》重新唤起了美国公众的伦理观念。他将大汽车制造商头痛医头式的伦理行为置于公众关注之下。而直到20世纪70年代，由于福特汽车公司质量糟糕的平托汽车——一种发生追尾事故时可能发生爆炸的微型汽车，商业伦理才真正成为美国消费者的关注焦点（随后扩展到整个世界）。

在李·艾科卡因拯救克莱斯勒免遭破产而出名之前，他是福特公司的总裁。在福特野马车成功后，为了乘胜追击，同时面对小型车领域中来自像大众这样的外国新手的激烈竞争，艾科卡和福特公司的工程师们构想出了平托车。

对该汽车的官方声明简单而坚定："平托的重量不会超过2 000磅，价格也不会超过2 000美元。"在没有考虑严重设计缺陷的情况下，该车便开始仓促生产，这一举动最终把福特公司送上了法庭。

暴露出来的真相是，依赖于加强油箱设计与追尾事故影响的成本—收益分析，福特公司已经估算出不安全的油箱每年会导致180人被烧死、180人被严重烧伤、2 100辆车被烧毁；同时，也计算出需要向每个死亡者支付200 000美元，向每个受伤者支付67 000美元，向每辆车支付700美元，总计支付是4 950万美元。但是，估算出的为挽救这些生命和伤者所花费的成本甚至更高。替换方法的成本是每辆汽车或卡车11美元，加起来每年是13 700万美元。从本质上来讲，福特公司的经理认为与召回汽车相比，支付诉讼赔偿的费用更少一些。

陪审员自然对福特公司把生命价值看得如此之低的态度感到愤慨，裁定其向受害者支付巨额赔偿。然而，一旦福特下令召回汽车，迎来的就是终极侮辱。替换方法的成本仅仅是每辆车 1 美元多，并不是"成本—收益分析"辩护中所认为的 11 美元。

许多伦理专家相信平托案件和福特公司态度引起的愤慨，激起了人们对当今美国商业伦理的怀疑。伦理精灵已经逃出了魔法的瓶子，等待着传遍世界。同时这一事件也体现了大公司面对公众压力和公共关系灾难的脆弱性。

全球商业，全球灾难

仅仅 50 年前，灾难指的是自然灾害，诸如飓风、火山爆发、饥荒以及地震。现如今，随着科技爆炸和商业全球化，商业领域伦理流失造成的破坏会导致如传统自然灾害那样规模的灾难。或许更重要的是，这些人为灾难很容易穿越国界而广泛散播开。

除了对国家主权、文化传统和人权构成根本性挑战，全球化进程在不同领域内引发了一系列复杂和空前的伦理挑战，比如国际投资、教育、医疗、贫困、环境的可持续发展、移民、营销、知识产权、互联网以及体育界。激烈的竞争、大规模的商业活动以及高速的信息交流为适者生存观念提供了可怕的动力和邪恶的欲望。

在财富驱动的 20 世纪 80 年代，很多现代企业和政府第一次遭遇到全球化带来的道德困境。美国联合碳化合物公司在印度遭遇了噩梦般的博帕尔化工厂事故。当建立在乌克兰境内的切尔诺贝利核电站发生核爆炸时，苏联政府遭遇了一场跨国境灾难，事故产生的放射云一直漂移到西欧的苏格兰上空。

但是，正是博帕尔化工厂事故使得伦理标准问题第一次被严肃地摆在跨国公司面前。1984 年 12 月 3 日午夜刚过，位于博帕尔的一家杀虫剂工厂意外地将 40 吨甲基异氰酸酯气体泄漏到大气中。这次巨大灾难造成了大约 8 000 人死亡、10 万人受伤，以及重大的家畜和农作物的损失。这次事故带来的长期健康影响难以估量；博帕尔国际医学委员会估算，即便十年以后，依旧会有至少 5 万人部分或完全残疾。

这次事故对总部设在美国的跨国公司包括它们在本土和境外的分支机构都产生了重要影响：美国联合碳化合物公司是经营博帕尔工厂的印度联合碳化合物公司（UCIL）的母公司。在随后的审判中提出的问题包括：

- 联合碳化合物公司是否应该对博帕尔工厂的设备设计、维护和培训负责？

● 联合碳化合物公司是否有责任将与工厂有关的隐患提前告知当地政府和社区？

博帕尔化工厂事故被视为一个分水岭，使跨国公司觉察到应该对母国之外的公司承担更多的责任。在制定行业标准比如化工产业协会的责任关怀标准时，在制定和执行美国环保法律规则时，包括在制定和执行美国化学安全及危害调查委员会的规则时，博帕尔化工厂事故都会作为重要因素被考虑进去。

1986年4月发生的切尔诺贝利核事故被莫斯科当局隐瞒了1个月，引起了国际公愤。这一事件强调的是，政府选择以不道德的方式行事可能面临的国际影响。莫斯科当局最初对事态的隐瞒是令人震惊的不道德行为。

新闻业的分水岭

20世纪90年代，围绕着公司的过失特别是在环境领域的过失，社会上掀起了媒体关注的狂潮。埃克森·瓦尔迪兹号在阿拉斯加沿海的漏油事故再次引起对美国大型公司的商业伦理问题提出质疑。荷兰壳牌石油公司在1995年也遭受了两次声誉打击。

第一次打击来自其试图废弃北海中的布伦特斯帕钻井平台，第二次则是公司没有反对尼日利亚政府处决肯·萨罗维瓦。肯·萨罗维瓦是尼日利亚部分地区的人权活动家，壳牌公司在那里有大量业务。从那以后，壳牌改写了经营原则，建立了详尽的机制来贯彻这些原则，努力改善与非政府组织（NGO）的关系。NGO一直都是跨国公司的眼中钉，因为它们要求企业在全球范围内承担更多的公司责任。

壳牌公司的反应成为国际商务伦理领域的一个重要事件，其原因是公司并不是因为有人拿法律和罚款相逼才有所作为。壳牌公司没有被迫去做任何事情，两次事件都没有对公司股价或销售造成持续的损害——尽管继消费者联合抵制之后，布伦特斯帕事件使公司在德国的市场份额短暂下降。这件事情的本质是，成为一个负责任的企业公民非常重要，并且从长远来看，相比在危机中蹒跚而行，这也是一个更好的商业惯例。

壳牌的官员采取先发制人方式的一个原因是：全球的壳牌员工以及公司本身对卷入这些受到高度关注的事件都感到不安。高级管理层认为，人们更乐意为其认为有道德的公司效力——在严峻的就业市场上，市场也证明这是行事的强大动机。

商业伦理是什么，不是什么？

社会学家雷蒙德·鲍姆哈特曾向参加集会的商务专家提出如下问题："伦理对你到底意味着什么？"

下面是他们的回答：

- "伦理与告诉我什么是对错的感觉有关。"
- "伦理与我的宗教信仰相关。"
- "有道德之人根据法律的要求行事。"
- "伦理由社会所接受的行为标准组成。"
- "我不知道这个词是什么意思。"

这些回答洞察深刻，清楚地揭示出什么不适用于伦理。

在苏格拉底时期之前，也就是 2 500 多年前，哲学家就开始对伦理的概念进行辩论。很多人会说从那时起这个问题几乎没有进展——也没有就伦理的确切定义达成共识。就其最简单的形式，这一概念涉及学习什么是对或错，然后做正确的事情。问题的实质在于在任意特定的时间上就"正确的事情是什么"达成一致。

很多学者会说基于普遍接受的道德原则，总是会有正确的事情可做。其他人则认为"正确的事情"实际上是建立在一系列具体情况、民族文化以及个人道德基础上的。最终，什么正确取决于每个人认为什么正确。（伦理的相对主义原则的进一步讨论见第二章：伦理是否以文化为基础？）

现实的商业世界由多个灰色区域组成。一个商业管理者不会困惑于黑白选择，例如"我应该偷公司的东西吗"或者"我应该向公众撒谎吗"这样的问题。真正困难的伦理选择必然更加复杂。

一个曾在非洲和亚洲的发展中国家工作过十几年的工厂管理者讲到，在与员工、政府官员以及母国的公司总部打交道时，没有一天不是在什么是"正确的事情"上做"价值判断"。他以公司指导方针和法律条例为武器，但这些指导方针只是一些笼统的概述，法律中的漏洞大得都能开过一辆推土机了。

他对这些问题的基本态度是："我过去常常回想那些在研究生期间被迫学习的伦理课程。大多数课程似乎都是在讨论理论，设计些了无新意的场景。现在我必须在忙碌中做出决定，这些决定会影响到现实中的人。我的直觉告诉我什么是正确的事情，这通过我个人的'品位测试'来达成，但是你知道我无法就如何以及为何做出这些决定给你作出确切的解释。我知道这些决定是正确的，但是我并不是总能讲得清。你知道，其他人可能做出相反的决定——他们同样也可能是对的。有太多条路可以选，所有选择都可以在伦理上进行争论。"

作为社会契约的商业伦理

商业伦理基于廉正、公平的一般原则，并倾向于集中关注股东和利益相关者问题，诸如产品质量、消费者满意度、雇员工资福利以及地方社区和环境责任等公司能够实际影响到的问题。根据学者的观点，商业伦理远远超出了对法律的简单遵守。

商业伦理明确了一个公司如何将核心价值观——例如诚实、信任、尊重和公平——融入到政策、实践以及决策当中。当然，商业伦理也涉及公司对法律标准、内部规章制度的遵守。早在十年前，商业伦理主要由以服从为特征、依靠法律推动的准则和培训组成，这些准则和培训详细概述了在涉及利益冲突或公司资产不当使用等方面时员工能做和不能做什么。

今天，越来越多的公司正在尝试设计基于价值观的全球一致的方案，使员工能够达到伦理理解力的标准，即使面临新挑战也能做出恰当决策。同时，商业伦理的范围已经扩大到关于公司行为的很多方面，不仅包括公司如何对待员工、遵守法律，还包括其希望与利益相关者包括股东、顾客、商业伙伴、供应商、社区、环境、原住民甚至下一代等所建关系的本质和特性。

企业公民的概念

企业能够并应该在多大程度上迎合社会对其责任的期望，或者企业根本不用考虑这些问题，所有这些讨论都造成了目前针对伦理规则和企业社会责任的一系列争议。有待回答的关键问题仍然是：商业的本质不就是挣钱吗？三十年前，一位主张公路私有化的老资格市场经济学家米尔顿·弗里德曼认为："企业有且仅有一种社会责任——使用资源以及从事增加利润的活动。"

这种说法似乎只对像弗里德曼这样的人而言才是事实，但这些话让反对全球化的活动家们心生惧意，例如法国前总理和工会主席琼斯·韦博。

少数弗里德曼支持者的观点非常简单。如果社会想让企业把社会活动放在追求股东价值之上，那么政府应该据此规范企业行为，可是，社会必须愿意接受经济衰退的事实。

英国政府在 2000 年确实这么做了，就企业社会责任问题设立了新的部长职位。这一行动收到了来自企业的不同反馈，提醒政府不该使其成为向企业强加额外立法负担的理由。

今天，更普遍的观点是，社会能够而且确定有权利要求企业以某个水平的伦理标准来运作。毕竟，常识和市场规则决定了这不是个非此即彼的简单问题——伦理还是企业。一方面，如果企业没有实行合理的商业惯例并且获利的话，那么企业就不能兴旺，或者甚至不能生存。但是另一方面，人们不愿意同那些欺骗顾客和供应商、破坏环境、无法与员工和投资者建立信任的企业做生意。

世界上每个国家的人们常同企业达成协议，完成必要的劳动并给社会提供商品和服务，有时候人们也会向企业妥协。反过来，社会有权利要求生产组织扩大消费者和员工的整体利益。随着全球范围内大型合并以及新兴市场的发展，目前大型企业掌握着比其业务所在国更多的经济和政治权利。作为回应，要求企业承担更多的社会责任以及按照更高的伦理标准开展业务的公众压力也增加了。目前，发达国家的企业促进贯彻针对所有员工的非歧视性雇佣、待遇和补偿政策——这些通常也是法律要求遵守的。同时，一些国家越来越意识到，通过赞助活动以及鼓励员工为公民委员会服务的方式来积极参与当地社会的活动可带来经济和社会效益。

公众要求企业成为有益于社会的机构，企业将在获利与响应公众压力之间进行平衡，通过这种关系平衡，企业继续调整业务。但即使是那些认为公司应该承担更多责任的人也无法在实现目标的最有效方式上达成一致。乌尔力希·斯蒂格，在瑞士洛桑国际管理发展研究院讲授环境管理学，认为企业应该以"有责任使股东价值最优化"为目标。也就是说，企业的首要任务就是优化股东的长期利益；但是，在这一约束下，无论公众所要求的社会或环境目标是什么，企业都应该设法满足这些目标。

■ 可持续发展：最新趋势

可持续发展概念的释义多如一些全球公司的地区办公室或产品品牌的数量。这一概念于 20 世纪 80 年代开始流行，直到最近被环境问题所主导。今天，企业对其的理解远远超过保护树木或者保护雨林。它是关于人类、利益、伦理以及对所有人来说都更美好的经济社会的未来。

联合国对可持续发展的定义是："既满足当代人的需求，又不对后代人满足其自身需求的能力构成危害的发展。"事实上，很多人认为这个定义太消极也太受限制了。这似乎是在鼓励维持现状，不要求改善许多世界人民的生活状况。这似乎是在要求一个"匮乏"的世界，而不是一个"充盈"的世界。新技术以及新产品，都可以使企业获得潜在的利润，也能够改善地球上所有人的生活——而不仅仅是富人。

20世纪90年代，全球企业承受着来自消费者、政府以及非政府组织的压力，开始从狭隘地关注环境转移到基于可持续发展的更宽阔的道路上来。然而，联合国的定义无法满足议案。今天，可持续发展更多是关于环境保护、社会公平和经济发展的。目前更令人满意的定义也更加积极的定义是："可持续发展是为了使当代以及后代都能够拥有更高质量的生活。"

的确，对改善生活水平概念的认识已经成为对可持续发展认识中的突破性进展。企业开始意识到，在解决环境和社会问题中，以及在通过使生活更美好、更健康、更简单来解决消费者生活的不如意中，技术和创新是如何真正起作用的。

今天，人们认为实现一个真正可持续的未来必须超越仅仅解决人类活动与环境之间的冲突，必须实现经济和社会的平衡。

出于一些非常充分的理由，现在看来是企业而非政府，是最有能力实现这些伟大目标的机构：

- 企业拥有实现这些目标的资源以及全球影响力。
- 全球化使得企业在许多全球性问题上发挥着关键作用。
- 企业比政府反应迅速。
- 企业对获得成功有着绝对的兴趣——毕竟没有哪个企业能够在没有生命的星球上蓬勃发展。
- 消费者与投资者越来越多地对企业在可持续发展领域的良好表现以及努力进行审查。
- 在政府通过法律迫使企业行动的同时，消费者自愿购买公司的产品和服务。

■ 远大前程

总部位于英国的威尔士王子商业领导论坛以及澳大利亚环境国际有限责任公司所做的研究发现，全球消费者期望21世纪的企业能够：

- 除了经济目标，通过积极为社会和环境目标做贡献，证明对社会价值观的承诺。
- 使社会免受公司业务、产品和服务的负面影响。
- 同主要利益相关者以及股东分享公司活动的利益。
- 证明它们的公司"通过做好事能够做得很好"。

第二章

伦理是否以文化为基础？

知善者行善，因为行善比行恶更具理性和益处，行恶者主要出于无知而为。——苏格拉底

哲学家和学者毕其一生来争论"绝对伦理价值观"——总是普遍适用于每个人的合理道德原则——是否真正存在。尽管这种关于"一式应万变"道德准则存在性的辩论——该准则被称为"道德客观主义"——可以为晚宴会谈提供极好的素材，但是，这与在全球国际商务前沿奋战的冲锋战士们关系甚微。

现实是，不同文化的人们选择不同的经营方式，并且在不同价值观、不同道德准则和不同伦理原则的指引下穿过纷杂的人生。在某种文化中"正确的"行事方式在另一种文化中就可能是"错误的"。了解潜在的外国商业伙伴或竞争对手的文化环境和道德模式有助于形成谈判和交易的合理策略。曾经看似不可思议的行为可能会因此而更容易预测，并最终对你有利。至少，你不会因某种举止和观点而茫然无措。

■ 合同：不同的文化，不同的伦理观点

以商业合同的概念为例。不是人人都以相同的方式来理解书面合同的含义。尽管美国人和德国人通常坚决要求签署精心拟定的符合法律要求的多页合同，

但其他文化——特别是那些非常重视人际关系并且缺少合同法的文化，如俄罗斯、尼日利亚或中国，却将合同视为对意图的说明，而不是带有实际处罚条款的有约束性的正式的义务——至少当地人在应用合同时是这样。美国人和德国人在道德伦理层面上不能接受违约（更不用说还要召唤律师收拾残局），但俄罗斯人或尼日利亚人在这个问题上就不会辗转难眠——不是因为他们没有良知，而是因为他们对合同的社会观念没有把违约与极大的伦理耻辱联系在一起（当然，这使外国公司几乎无法获得法律援助）。

警告 ☞

> 比诉讼更糟的是，有时没有合同法的社会自有其"超法律"和强制执行合同的暴力手段，实施者几乎不会参与什么哲学讨论。

伦理价值与合同的联系程度也取决于既定交易中的买方和卖方。通常由买方与投资者共同决定合同的结构。买方在经济上的优势地位一般可抵消诸多文化问题。坚持遵守合同或只坚持现代商业惯例是文化帝国主义的表现吗？买方和卖方就此通常持不同的观点。

□ 世界范围内的合同与文化

这里有一些例子从伦理角度来说明不同文化如何看待商业合同的概念：

- **德国** 合同比美国的更详细。一旦签字，德国人就会严格遵守合同——并且要求你也严格遵守。
- **埃及** 人们认为合同是商业关系准则而不是具体的业绩要求。合同可进行多次协商、修改和增补以反映变化的环境——通常是埃及这一边的。无视已签合同的条款不会在社会和法律上带来太大的耻辱。
- **美国** 正如美国人的玩笑话，签字同意是出庭的第一步。如果美国人认为自己的母亲违背了协定，那么他们会起诉自己的母亲（事实上有人真的这样做了）。违反书面合同显示了伦理和道德上的彻底破产。只有骗子才不履行合同。无须多言，律师在拟定合同中发挥着重要的作用——这一特征在许多文化中是无礼之举，因为这些文化把律师的出现看成是道德和伦理失信的标志。当然，这也取决于谁是买方与谁是卖方。
- **日本** 合同是准则，出现任何问题都接受仲裁而不是诉讼。每个合同都会包括 JIJI HENKO 条款，该条款允许在环境改变时重新进行彻底的商议。这与日本文化中给面子和留面子的重要性紧密联系，即给双方灵活的空间以避免出现尴尬的情形。事实上"君子协定"——日本主管的非正式口头承诺——的含义常常要比正式的书面合同多。对日本商人而言，违反这样的协议会比无视正式合同体现出更大的道德沦丧（即非常丢脸）。

- **南非** 这不是一个爱打官司的社会。商业合同并不过于复杂；但有时，如果事情未能解决，则会故意闪烁其词以给本方留出余地。公正廉洁的南非法律体系（至少现在是这样），通常在公司法和商业法上偏袒本方而不是外方。南非人会以真诚的努力来满足合同期限，但如果不是蓄意违约，他们会认为不应遭到处罚。

- **俄罗斯** 即使与俄罗斯公司已签署合同，意义也不大，记住这一点很重要。俄罗斯人对合同的看法与西方人不同，他们视合同为意向声明，而不是正式的、附带处罚的道德约束义务。尽管俄罗斯的商业法正在改善，但还没有成熟到能处理违约诉讼的程度。俄罗斯的商业伦理仍处于发展阶段。在俄罗斯，"超法律"程序比法律管制更能体现出行为准则。

- **墨西哥** 合同更关乎个人名誉，而非公司承诺。律师在敦促人们遵守合同方面不起作用，是否遵守合同取决于签署人的个人道德状况，而非商业伦理的某种首要原则。因此，如果合同签署人跳槽、死亡或移民，那么你可能会落得个两手空空的下场。在这种情况下，只能期待再次协商了。

理解了文化就理解了商务伦理

如果确实没有绝对的道德或伦理价值观（或者说至少学者们还没有发现），那么人们去哪里寻找被商业伙伴用来考虑行为对错的指南呢？答案是：在社会文化中。

那么，文化究竟是什么？答案似乎很清楚，文化就是使中国人、法国人、南非人恰如其名的东西。荷兰著名的作家和学者吉尔特·霍夫斯坦德将文化称为"思维的软件"，即文化是对我们思考、处事、感知对错以及感知自我与他人的方式所进行的社会编程，其中含有文化并非与生俱来之意。

没有基因迫使美国人珍视个人主义和自以为是，或者迫使德国人重视严格的秩序。上述行为都是习得行为，因此可以改变。只要改变内部的程序，你就可以像美国人、英国人或科威特人一样思考。尽管这对于处理全球商务的人而言肯定是有用且鼓舞人的比喻，但做起来却比听起来困难。这需要进行研究，具有敏锐的观察力，最重要的是具有学习能力和放弃"我的本土文化高人一等"观念的意愿。上次听闻外国同事承认他们的行事方式不如你是在什么时候？这从来就没有发生过。当在跨文化环境中经营时，如果只是出于表面，那么应当记住"适者生存"的哲学。

注意☞

━━━━━━━━━━━━━━━━━━━━━━━━━━━━━━━━━

理解另一种文化不同于容忍其所有的内容。

━━━━━━━━━━━━━━━━━━━━━━━━━━━━━━━━━

对文化更正式的定义是，文化是一套习得的由个人和社会共享的核心价值、信念、标准、知识、道德、法律和行为，决定了个人或团体如何行事、感知以及看待自我和他人。社会文化世代相传，并且在诸如语言、宗教、习俗和法律等方面相互联系。社会对权力、道德、伦理的看法会通过个人如何经营、确立合同、处理危机或者培植潜在商业关系来显示。

文化三要素

从旁观者角度看一个国家的文化，这令人望而生畏。但是将每个国家的文化分成不同部分，并且了解每个部分如何与整体联系，这有助于解开困境，提供行为和伦理背后的逻辑和动机。与商业交易和支配这些交易的伦理相关的三个最重要的文化元素如下：

☐ 语言

记住，语言不仅仅指说话和书面文字。口头交流，比如手势、肢体语言和面部表情，都能传递信息。当两人语言不通，不得不借助于口译人员时，口头交流是唯一的直接接触，是个人相互直接读懂对方的唯一方法。不能洞悉口头交流的语境，不仅会有读不懂谈判桌对面同事意见的风险，实际上也会有向他们传递完全错误的信号的风险。

☐ 宗教

宗教哲学在文化中具有举足轻重的地位，对个人商业伦理态度的影响比大多数人预期的要大——即使此人不是虔诚的宗教追随者。比如，在阿拉伯世界谈话会用习语 INSHALLALA——"神若许我"来点缀，其中体现的对强权的服从、对世间很多问题的失控以及该习语浓缩的"想做即做"的态度，会通过从航班时刻表到商务洽谈进程的每个方面来体现。

□ 价值观和态度

很显然，文化价值观对经营方式影响极大。应该考虑的最基本的价值观差异在于文化是像美国那样强调个人主义，还是像日本那样强调集体主义，以及在于社会是像英国那样的任务驱动型，还是像法国那样的关系驱动型。

国家文化的定义和分类

人们对自我的定义以及文化对自我的定义，对其如何履行商业惯例影响很大。以日本为例，集体目标和需求几乎总是优先于个人。在日本，经典的美国英雄——那些幸福地、自负地追求"第一"的白手起家之人，被认为缺乏道德，并非完美的典范。在日本，个人让步于集体，现状是，做出决策的基础是达成共识和日本集体的融洽。霍夫斯坦德已经创立了有用的框架来阐明国家文化的定义和分类的四个主要问题。无论是在个人环境还是在商业合作环境中，每个问题最终都会对人们如何处理信息和相互交流产生实际影响。

□ 个人主义与集体主义

一个社会珍视坚定的个人主义及独立思考者，以及较之集体成功更重视个人成功的人吗？或者社会要求个人将需求置于集体需求之后吗？

依赖集体主义观念的社会重视服从和通过外部制裁——施辱或逐出集体——来支配个体行为。"凸出的钉子会被敲打下去"——是日本社会的表述，"长得最高的草叶总是最先被割掉"这个表述支配着前苏联"穷人"的态度，这些表述都如实反映了社会不能容忍个人主义方式以及将个体成功置于集体成功之上。今天在日本，出于职业发展目的的跳槽仍被很多人视为不道德，而美国则认为这是通向成功的重要途径。在集体主义社会，来自集体的压力支配着个人行为，然而，在以个人主义为导向的文化中，支配来自自我处罚即内疚。

集体和个人之间对商业进行对比的现实意义非常明确。尽管在个人主义文化中，决策过程可能更快些，但是可以觉察到，其政策变动的实施会慢于集体主义文化，比如新的制造工艺或者新的企业伦理准则。其原因是：在重视个人主义的社会中，作为个体的工人会质疑新方法，并且在弄清新方法会如何直接影响他们之前，可能不会签字。在集体环境中，通过达成共识来做出决定可能耗时更长，但是一旦集体做出决定，执行过程就会更快些。

有其他微妙的例子可以说明，个人主义与集体主义模式如何在国家商业文化中发挥作用。以对主管薪酬的态度为例，与高度集体主义社会（比如日本）相比，在高度个人主义文化（比如美国和南非）的制造业部门中主管与生产线工人的年薪更不成比例。美国主管的工资是普通制造业工人的 28 倍，南非为 24 倍，而日本高层主管的收入仅是普通工人的 10 倍。美国主管通过工资和补贴来衡量成功，而日本主管则通过公司的整体状况和工人的满意度来衡量成功。对于日本人来说，利用职务之便谋财是耻辱、无德的做法。这种古老的社会契约是大多数日本商业组织的基础。

个人主义文化的例子	集体主义文化的例子
澳大利亚	中国
加拿大	法国
南非	日本
英国	俄罗斯
美国	沙特阿拉伯

□ 权力差距

文化尺度解释了社会中的个人如何看待权力，继而如何看待他们在决策制定中所起的作用。在低位权力差距文化中，每个工人都寻求在决策制定中发挥作用，并且质疑他们未能参与其中的决策或指令。相比之下，在高度权力差距团体中，工人从不寻求发挥决策者的作用。他们认为老板是对的，原因相当简单，因为老板就是老板，就应该发号施令。高度权力差距文化中的工人需要指令和纪律，并且他们希望由管理部门来提供。在像中国这样的高度权力差距文化中，自高管向下传递到工人那里的公司伦理准则，更不易于受到质疑。

在低位权力差距文化中，工人在本性上往往显示出更多的个人主义，并且可能努力使伦理准则合理化以适应特殊情况（被学术界称为伦理情境主义）。在这种文化中，高层通过命令来宣布伦理准则可能是错误的。因为工人希望管理部门允许其参与其中，而未受邀商议该准则令他们感觉受到了侵犯。

高度权力差距文化	低位权力差距文化
埃及	澳大利亚
意大利	以色列
日本	瑞典
俄罗斯	美国

伦理是否以文化为基础？

□ 不确定性规避

与采取高度不确定性规避措施的社会相比，采取低位不确定性规避措施的社会通常对业绩的重视程度超过对安全的重视程度，会展现出更随意和更灵活的管理方法，并且拥有更少的工作规章制度。正如所料，表现出这种低位不确定性规避措施的国家，面临更高的人事变更率和就业流动性。

这种尺度（很显然，美国是低位不确定性规避国家）有助于解释为什么美国主管在重要会议之前可能很少做准备工作，而更喜欢临时应对，凭才智、魅力和能力进行独立思考来完成当天的任务。这种尺度也解释了为什么德国主管会为一次类似的会议进行精心准备（甚至到完整的服装彩排）。

高度不确定性规避文化	低位不确定性规避文化
德国	墨西哥
日本	新加坡
俄罗斯	南非
瑞士	美国

注意 ☞

德国人如此讨厌不确定的想法，以至于当所有的本国法律失效时实际上仍有一套被称为 notstandsgesetz（突发公共事件法）的法律生效。

□ 男性主义—女性主义

这种尺度针对社会价值观和态度两方面。具有所谓男性价值观的社会欣赏进取和自信，同时注重物质追求。女性文化重视人际关系，把生活质量看得比物质追求重要，并且赞同关心他人和不幸者。

在以女性特征为主的文化中，企业节奏往往更加单调。比起纯粹追求效率和书面合同，商业更多依赖于人际关系——朋友之间的商业交易。与男性文化相比，女性文化中的商人往往更矜持，并且缺少时间驱动性，而在男性文化中，成功就是达成交易或下个季度的财务业绩，这比建立长期商业关系更重要。在男性文化中，大的就是好的，甚至自吹自擂更好。

几乎没有哪个社会拥有所有男性特征或女性特征。这一概念可能被视为两极之间特征混合的连续体。政府是社会处于男性/女性范围的稳定指示器。高额征税并随后不受限制地将钱用于社会福利计划（比如瑞典），政府通过呈现出对人的极大关注，表现为高度女性化的社会。

当然，男性社会也能表现出女性特征，在一些情况下，两者可在连续体中自由地转换。南非是个很好的例子，在南非，物质财富是广受欢迎的目标，坚定自信是商业文化的一部分，并且尊重成功。然而，南非政府非常关心穷人以及过去种族隔离政策的受害者。

以男性文化为主	以女性文化为主
澳大利亚	法国
巴西	希腊
南非	日本
美国	瑞典

人们可能希望由主要表现出女性特征的国家引领创建和贯彻复杂商业伦理准则的潮流。事实绝非如此；但答复只是更多地重申男性文化与女性文化的特征，而不是使二者矛盾。一个最具男性文化的国家——美国，一般被认为是制定全球商业正式伦理规则的领袖。尽管在表面上似乎矛盾（我们有理由确信，这不能反映社会向更感性的女性文化全面转变），但是，美国在已构成的伦理规则中的领导地位是必然的，原因在于美国的男性特征而不是其他。至少在美国，有必要通过立法来推动更高尚的行为，而不是出于自然的意愿——"为做好事而做好事"。

顾客认为良好的声誉和行为最终会给企业带来稳定的利润优势，与任何单纯地为了做好事而做好事的想法相比，这一认识与最近对商业伦理的关注有很大的关系。

其他的文化特征

文化也影响个人在社会中如何处理信息、确立优先顺序、支配时间以及与他人交流。对于来自单向时间观社会的个人而言（在该社会中，每项任务依据日程表逐个完成），时间被用来安排个人生活、确立优先顺序、制定循序渐进的行事列表以及与别人打交道。美国和大多数北欧国家都是单向时间观社会。无论是付款还是进入体育场，面对拥挤的人群时，他们都会按次序排队。

对于来自多向时间观社会的个人来说（同时完成多个任务且没有日程表），按次序行事的方法被视为是没有必要的约束。（你很难发现中国的主管会列出"应做之事"优先次序清单，然而这却是西方时间管理课程的最基本的特点之一。）时间被用以同时完成不同的目标并且人们同时与尽可能多的人交流。

注意☞

　　多向时间主义往往是"发展中"经济体的特征，要求外国人接受一种低效的商业工作方式，即不按日程工作。随着经济的现代化发展，时间的重要性开始显现。"即时生产即时获酬"的伦理观正变得越来越令人瞩目。

☐ 高语境与低语境

　　不同文化的人们处理和传播消息的方式也不同。低语境文化在交流中更精确，会提供大量的详情，并摸索恰当的单词、短语来概括事件。低语境文化中的人们认为他们与所交流之人的共有知识相对较少，因此，感到非常有必要详细地解释所有东西。低语境文化关注所言何事而非何人所言，比如美国、英国以及斯堪的纳维亚诸国。肢体语言、手势和面部表情是辅助性手段，只要没有完全被忽视，就可代替信息本身。在这种文化中，可以通过信件、电话、传真或电子邮件来成功经营企业。与商业伙伴面对面洽谈以成事并不是必需的。

　　高语境文化完全相反。往往交流不精确，对传递信息的人赋予与信息本身一样的关注度。在高语境文化中，交易开始前的个人交往极其重要，比如拉丁美洲、南欧、中亚、东亚、中东和非洲。高语境环境中的人们往往需要尽可能多的辅助性信息。比起低语境环境中的人们，他们更关注周遭物质环境以及商业伙伴的穿着和发型，即谈判的总体氛围。肢体语言、面部表情和声音的抑扬变化都是交流的重要方法，同时，会议或商务餐的地点与会议讨论的内容一样重要。

☐ 关系与任务驱动型文化

　　这种分类更多地涉及社会中的商业文化，但是也能将其应用于整体社会。文化，尤其是商业活动中的文化，要么是关系驱动型（霍夫斯坦德的理论将其归类为女性文化），要么是任务驱动型（霍夫斯坦德的理论中的男性文化）。知晓你潜在的商业伙伴属于哪类文化，能使你在对达成潜在交易的时间框架进行预测的同时按优先顺序提出提议。

　　任务驱动型文化通常是低语境文化，而关系驱动型文化是高语境文化。在向任务驱动型文化中的人进行陈述时，他们主要关心价格、质量以及与产品或服务有关的保证。交易可在首次会谈中达成。在向关系驱动型文化中的人进行展示时，除非你已经确立了私人关系，否则交易会很难启动。你的产品可能是自尼龙搭扣发明以来最伟大的东西，但是在你将自己推销出去之前，对方并不想知道你要卖什么。

或许，通过常识是记住这个观念最简单的方法：在中东这个关系驱动型、高语境文化中，商业伙伴是做交易的朋友；而在欧洲，做交易的商业搭档可能是朋友也可能不是朋友。

现实世界看待伦理的方式：大多数是相对的＿＿＿＿

现在可以容易地看到，为什么你的美国搭档、中国供应商或者波兰顾客所持的商业伦理可能不同，这是因为他们扎根于本国社会的文化中。学术界把这种观点正式称为"文化相对主义"，认为"恰当的行事方式"即"良好的举止"仅仅是被某种文化中大多数人所赞成的行为。希腊哲学家毕达哥拉斯（公元前480—公元前411年）或许是文化相对主义最早的支持者，他声称："人类是所有事物的标准。"这种观点认为性别歧视在客观上既不好也不坏；如果社会赞成，它就是好的（在这里可思考一下沙特阿拉伯、伊朗或者阿富汗），如果社会反对，它就不好（思考一下美国及其所有法律都反对它）。另一个明显的例子是，堕胎在中国是政府允许的控制生育的方法，而这在爱尔兰是政府法律严厉禁止的。

文化相对主义的核心观点是：没有绝对的道德价值观，并且不同的社会不能就道德问题简单地达成一致。该观点认为不应该将别国的行为视为错，而应看作只是存在不同。当然，现实世界几乎没有遵循学术理论，如果有人对"文化相对主义"进行逻辑推论，那么该理论就会近乎荒谬。

比如，如果仅仅"从文化相对主义"的角度来看待现实世界，那么就无法合乎逻辑地批评其他文化和时代中不符合道义和伦理的事。最明显的例子可能是罗马对基督徒的屠杀、纳粹德国对犹太人及少数民族的虐待、国际奴隶贸易、南非种族隔离政策、卢旺达大屠杀或者第二次世界大战时日本对中国和韩国的野蛮入侵。尽管这些事件和政策得到了暴力社会的支持，并且在"文化相对主义"学说中变得合情合理，但事实上，在今天没有哪个社会认为这些事件和政策是对的。

在现实生活中，贯彻伦理道德，取决于文化背景以及作为文化产物的道德准则。然而，仅仅因为在一些地方出现这些行为并不意味着它们会获得道德上的认同。尽管"文化相对主义"有诸多缺点，但的确有助于解释为什么某些社会对正确行为规范的构成有着截然不同的观点。

一位英国制造业的主管回忆起他曾与一位伊朗同事进行过关于女性社会待遇的讨论。他记得自己告诉过这位波斯朋友，他是多么憎恨那些歧视女性的现象，诸如禁止女性涉足一些特定的工作；女性不能被别人看到与男性单处，除非是同她的丈夫。

这位英国主管说："我明确告诉他我的想法，在我看来这种公开歧视是错误的。但是，当我们更加深入地交谈时，我开始意识到，波斯人对待女性的方式更多是源于真实信仰的差异，而不是出于邪恶的目的。波斯人的宗教认为，女性天生和男性处于不同的社会地位，因而需要给予相应的待遇。与我交谈过的许多女性都同意这个观点。事实上，她们将这种待遇差别视为尊重，而不是歧视。"

他接着说："事实上，我的同事说，他倒是认为我们英国人才道德败坏。因为我们强迫女性出门务工，忽视了女性特殊的社会地位。事实上，尊重女性的道德观点不同，已经不仅是对女性社会角色真实看法的不同了。这次谈话让我眼界大开。"

在现实以及几乎所有文化中，都有一套基本的核心道德准则，而这套道德准则都达到了非此即彼的高度。例如，所有的社会模式都认为杀人、欺骗、偷盗是错误的，这些基本的核心观念对于社会运行来讲必不可少。争议之处在于如何定义"无辜"、"欺骗"以及"偷盗"。例如，大多数道德准则都认同撒谎是错误行为。但是对于日本人，他们会选择撒谎来避免令你感到不快的情况，他们也可能会答应那些他们已经明确拒绝的交易。在这种情况下，让他们挽回颜面的道德准则会盖过陈述真理的准则。当然，以此作为论据来驳斥日本人并非真正容忍撒谎，是很有力的。挽回颜面这种观念更多的是一种礼节，而不涉及道德原则或伦理。正如伦理在全球商界的状况，它确实是一片灰色地带。

警惕主观主义者

我们在商业中都有些主观主义。毕竟，对"什么构成最佳交易"的回答取决于许多并不都可量化衡量的因素。选择出有竞争性的出价时，"我更相信她"，或者"他们看起来像可靠的群体"，或者"我们相处得很好"，都是可行的高度主观的理由。但是当涉及伦理时，最好当心"主观主义者"，因为他们认为是个人而不是社会决定着哪种道德原则有效。

尽管理论家和学者将"主观主义"称为伦理观的有效理论，但是如果公司仅仅是老板"感觉"的反映，那么贯彻主观主义就会产生问题。感觉很重要，但感觉本身不能作为道德的坚实基础。

情境主义：更灰色的领域

被称为情境主义的理论认为，伦理原则可以并且应该是灵活的，即行事的道德在一些情况下取决于环境而不是法律的运用。正常情况下被禁止的行为在有些时刻却可能得到许可了。情境主义是绝对主义的对立面，在现实世界里几乎没有人相信绝对主义。比如，一家公司急需现金流，那么它在合法商业机会来临之前到黑市上筹资以维持公司运营并留住工人，这是法律允许的吗？情境主义者会说是的，基于具体情况是可行的。绝对论者会说，不论是什么非法活动，都是错的。情境主义伦理认为人们为了获取更大的利益，应该准备好在任何情况下向道德原则妥协。

对情境主义者而言，不存在什么总是对或总是错的情况，撒谎有时是可以接受的，甚至是对的。毋庸置疑，情境伦理观念兴盛于商业世界。这也是经理和雇员夜间也保持良好状态的原因所在。

一位德国药品公司的高级职员叙述了他是如何变成道德情境主义者的。当时他在一个非洲的发展中国家工作，他的公司正准备以非常优惠的折扣向卫生部出售一种可能挽救数万人生命的药物。然而，该国海关和检察部门的官员拒绝向该公司发放进口许可证，除非递上贿赂。然而，行贿违背公司的公共道德准则。

"我试图考虑整个事件。这种药可以救活成千上万的人，而阻止它成为救命药的仅仅是几千美元，还不到交易总费用的百分之一。我内心纠结，但在这种情况下花几千美元来救活那些人的生命似乎是正确的选择。这样真的是两害相权取其轻。"

这仅与方式相关而与原则无关吗？

在全球商业领域，立德的方法就像欺诈的方法一样有很多。很显然，对于所有文化来说，没有哪种伦理理论是最好的或者是最正确的。尽管大多数文化确实都包含一些社会行为标准，但是社会准则经常只被归结为方式问题——对于社会和个人双方而言。

承认不同文化有不同的伦理观念和原则，并不意味着相对主义理论或主观主义理论是正确的，也不意味着伦理可以归纳为个人品位问题。更确切地说，这种观点仅仅承认存在于道德原则应用与观点中的差异——对于任何世界范围内的商务人士来说，知道这种观点是明智的。

　　毕竟，全球最成功的富商是那些通晓、欣赏以及承认、利用文化差异的人。他们能够超越自己文化的阻碍，通过别人的视角看到远大蓝图。

商业伦理中几个常见的误区

- 商业伦理与宗教更有关系，而非有利可图的商业管理。
- 商业伦理是一门学科，最好由哲学家、学者、神学家领导。
- 员工有良好品德，所以我们不需要伦理政策。
- 我们的机构遵守法律，所以我们合乎伦理。
- 只要工作业绩不受影响，个人品质就无关紧要。
- 职场中的伦理行为不可教习。

第三章

个人、企业和社会的成本

> 一个国王败于贿赂比败于沙场更可耻。——盖乌斯·撒路斯提乌斯·克里斯普斯（大约公元前 86 年—公元前 35/34 年）

因为贿赂无处不在，所以各国都有来形容它的词汇。俄罗斯人称其为 NA LEVA，阿拉伯人和许多非洲人称其为 BAKSHEESH，中国人叫它红包。肯尼亚人称它为 KITU KIDOGO，墨西哥人称它为 UNA MORDIDA。德国人叫它 SCHIMENGELD，意大利人叫它 BUSTARELLA，美国人有时叫它小费，英国人就直接称其为贿赂或更客气一点用"交易费用"。无论你称它为什么，商业领域中的行贿者和受贿者都使得贿赂和腐败的烦扰长存，这对数亿人生活造成的影响比你能想到的要大得多。旨在促进交易、加速权力集中或者在竞争中制胜的贿赂只是全球肮脏的小秘密之一。

官员腐败不仅由来已久而且无处不在，早在法老时期就被认为是生活中不可避免的事实。今天，不论对企业、政府，还是对个人，不道德的商业行为特别是腐败和贿赂，都代表着时间、金钱以及社会福利方面的实际成本。

几十年来，诸如世界银行和国际货币基金组织（IMF）等国际组织都不愿牵涉其中，声称这是获得贷款的国家的内政。然而现在，随着国际投资的不断增加，世界银行和国际货币基金组织，以及联合国，都确信腐败已成为繁荣发展的障碍。

那么，腐败已经达到了什么程度呢？20世纪90年代，世界银行对69个国家的3 600家公司的调查显示，有40％的企业行贿，其中工业国家为15％，前苏联则高达60％。

莫斯科的美国餐馆

"当我回过头来看时，我想我确实从来没有机会做成。"一个美国商人感到遗憾，20世纪90年代中期苏联解体后，他曾想在莫斯科开一家餐馆。

"在租门面或者购买设备前，我已经花了差不多15万美元去贿赂政府官员，花钱寻求保护，雇用当地黑手党头目的侄女当副经理。我每天都必须给他们钱，让他们去做本职工作。我必须贿赂面包店司机让他能够按时把面包送来。我都已经习惯了。"他说。

美国人不可能再找出一个试图在莫斯科创业的最糟糕的时期了。引起当局关注的有组织的犯罪集团的数量从1990年的785个增加到了1995年底的8 000个。相比1990年俄罗斯的15 600起预谋杀人案，1996年大约发生了29 700起：增长率超过了90％，其中大多数案件被认为与犯罪集团有关。到2008年，据估计俄罗斯有近70％的私营公司与黑手党有关联。

"我最终坚持了不到18个月。因为所有的这些开支，我真的没法挣到钱。这真是件可耻的事，我不知道其他人究竟是如何设法诚信经营的。最终还是老百姓受损失。要么是因为腐败成本会转嫁到他们身上，他们得支付高得离谱的价格，要么是因为诚信之人因做生意的费用太高而放弃，使他们无法获得服务。在经历这些之前，我无法相信在那个地方腐败无处不在。"

世界各地的贿赂与腐败		
国家	术语	含义
阿根廷	DIEGO	贿赂，10％的贿赂（仅仅10比索）
阿拉伯	BAKSHEESH	贿赂金，某物的报酬，是不合法的
巴西	MOLHAR A MÃO	买通，贿赂
中国	红包	装着钱的"红包"或者红色信封，可能是贿赂，也可能只是给孩子的"好运礼"
法国	UN POT-DU-VIN	一壶酒
格鲁吉亚	SAKMIS CHATSKHOBA	确定交易
	PADARKA	来自俄罗斯俚语的贿赂之"礼"
	BESTECHUNG（EN）	贿赂（动词）
德国	SCHMIERGELD	贿赂
	SCHMIERGELDER	贿赂金
	NEBENEINNAHME（n）	回扣，酬金（非常流行的术语）

世界各地的贿赂与腐败		
国家	术语	含义
印度		
旁遮普语	VODI DANA，GHOOS	黑钱
印地语	RISHWAT	台底交易
乌尔都语	RISHWAT	贿赂金
伊朗	BAJ DODAN	付钱，贿赂
伊拉克	BAKSHEESH	贿赂金，某物的报酬，是不合法的
意大利	BUSTARELLA	贿赂
	CORRUZIONE	腐败资金
日本	HANAGUSURI	贿赂金，封口费
	KOUHAKU	黄金和白银/贿赂/腐败
	INMOTSU	礼物/贿赂
	TSUKAIMONO	礼物/贿赂/可用物品
	JUTAKUSHUUWAIZAI	贿赂（罪）
	SHUUWAI	受贿/腐败
	SHUUWAIZAI	贿赂（罪），发音为 shoo-oo-wy-zy
	ZOUSHUUWAI	贿赂/腐败
肯尼亚	KITU KIDOGO	小东西
	CHAI（或）茶	索贿，就像"给我一些茶叶"
	MAJI YA WAZEE	"长者之水"和"啤酒钱"
韩国	NE MUL	贿赂
	NE MUL JUDA	封口费，行贿
	NE MUL PATTA	封口费，受贿
马来西亚	RASUAH	受贿
墨西哥	UNA MORDIDA	一口，就好像尝一口
沙特阿拉伯	BAKHSHEESH	贿赂金，某物的报酬，是不合法的
南非	MA LINI E BRIBE	多少？南非的通常叫法
科萨语	KHA WENZE	科萨方言"在我们谈话前，说吧"
祖鲁语	UYA HLI NZA	祖鲁方言"首先你得宰杀"
南非荷兰语	OM KWOP	来自古德语的贿赂
俄罗斯	VZIATKA	贿赂金
	NA LEVA	贿赂
瑞典	MUTA	恭维某人（不一定是用钱）
英国	back-hander	最常用的俚语
美国	grease palms	贿赂，为了促成某事
	kickback	为了达成销售而向买者非法支付的钱
越南	AN HOI LO	受贿，手指发痒

腐败：隐形税

腐败从几个方面损害国家发展。腐败会削弱经济增长，吓跑外国投资和多渠道投资以及使贷款和补助基金进入"无用"工程，这些工程给腐败的决策制定者带来了高额回报，但是给老百姓带来的好处却微乎其微。

根据世界银行的研究，大规模的腐败会导致一个国家的增长率比没有腐败的类似国家低 0.5%～1.0%。基于透明国际（Transparency International (TI)，总部位于德国柏林，是由前世界银行官员成立的开展反腐败活动的团体）腐败感觉指数的一项研究表明，腐败水平从新加坡（认为是非常低）上升到墨西哥（认为非常高），相当于将边际税率提高 20% 以上。边际税率每提高 1%，将使流入的外国投资减少 5% 左右，按照所给出的例子，腐败使国家付出了代价，并且还将继续使国家损失本来预期能够得到的所有外国直接投资。

全球化意味着国民经济和企业更加相互依赖，企业逐渐意识到一个地区的腐败会影响整个全球市场。

同时，世界上最大的跨国公司也开始认识到或许是最严峻的现实：不道德的跨境企业不仅是腐败的参与者，同时也是其受害者。

不只是发展中国家的问题

腐败以及不道德的政府行为不仅仅是发展中国家的问题。亲眼目睹了法国和日本的腐败控告或者美国竞选资金改革的斗争，德国联邦刑事调查局前局长汉斯-路德维格·扎赫特表示："无论政府辩护者如何进行维护，公共服务部门的腐败都不仅是害群之马，而且是德国每天都在发生的令人担忧的事情。"据其所言，秘密审理中的案件数以千计。腐败使得意大利政府的未偿还债务扩大了 15%，约为 2 000 亿美元。由于近期意大利政府对腐败的打击，公共项目工程的竞价低于成本估计的 40%。

瑞士当局估计，俄罗斯人在该国银行账户中已经藏匿了 400 亿美元，并认为其中近乎一半为非法所得。

英国在避税天堂所藏资金数量为 2 亿～4 亿英镑。据估计，世界上最富有的人们将财富的三分之一放在国外，税务当局对此束手无策。

一位将其总部设立于中国香港的英国商人在中国拥有几个项目，他讲道，随着中国共产党对腐败的打击，中国官员的贿赂已经开始从明显的方式（塞满钱的信封）转变为更微妙的方式。

什么是贿赂？

贿赂是向政府官员提供、许诺或给予某物以实现影响其执行公务的目的。贿赂可以采取金钱以及其他金钱利益方式，例如高级俱乐部的会员资格、承诺向其子女提供奖学金等，或者采取诸如有利的宣传等非金钱利益方式。每一次贿赂交易都涉及供给方（行贿者）和需求方（公务人员）。

个体支付的贿金

据保守估计，每年国际商务中支付的贿赂金额为 800 亿美元——大约是联合国认为可以消除全球贫困所需的金额。

政府和公司的不道德行为的特定案例清单可以单独写成一本书。例如，阿根廷侵吞医疗保险基金，俄罗斯混乱的私有化以及随之产生的侵占国有资产，肯尼亚公然浪费政府基金等。伴随着这些丑闻以及腐败在 20 世纪 90 年代东亚金融危机中起到的作用，人们意识到了腐败带来的社会、政治和经济成本。没有哪个国家能够承受这些成本。

经济合作与发展组织（OECD）称，政府以及和政府打交道的公司的不道德行为，会削弱公众对政治制度的信心，并且导致其对法制的蔑视。不道德行为扭曲了资源分配，抬高了公共采购开支，削弱了市场竞争。不道德行为对投资、增长和发展有着毁灭性的影响。而且，腐败通过拒绝给予穷人基本的公共服务而对其索取极高的价格。

确实，穷人受腐败之害最重。在发展中国家、前苏联和东欧国家等大多数所谓的转轨经济中，为了获得本应免费的服务，人们经常不得不去贿赂教师和医生。当地警察和法官常常希望有人贿赂他们。外国捐赠的药物以及其他援助物资落入了个人手中。

在阿尔巴尼亚和拉脱维亚，贿赂占到公司收入的 7%，格鲁吉亚为 15%。14% 的格鲁吉亚家庭承认行贿，在拉脱维亚为 11%。不足为奇的是，对 350～450 家企业的调查同样显示，如果能够根除腐败，企业愿意支付附加税。

行贿的损失甚至可能更大。根据世界银行的数据，在乌干达，初等教育的公共支出在 1991—1993 年增加了三倍，但奇怪的是，入学率却没有提高。一项对 250 所学校的调查显示，超过 70% 的资本融资被挪作他用。害怕败坏援助的总体名声或者为了使改革看上去很难，大多数第三世界国家的非政府组织对这些丑闻都采取轻描淡写的态度。

注意 ☞ ════════════════════════════════

许多商人认为，贿赂仅仅属于一种非正式的税收制度。事实上，在一些发展中国家，贿赂支付的比例几乎等于发达国家的税款和许可证费。

══

▨ 我们都非常愤怒

经过几十年的矛盾情绪之后，似乎随着我们进入21世纪，公众——不道德行为的真正受害者——已经受够了。腐败和不道德行为激起了大众的不满。

20世纪90年代，在墨西哥、菲律宾、意大利、巴西、巴基斯坦和扎伊尔，国家政府倒台的部分原因是政府腐败激起了公愤。20世纪90年代初，瓦伦丁·斯特拉瑟上尉推翻塞拉利昂政府的理由就是他指控政府成员侵占国家资源，中饱私囊以及腐败造成生活水平下降。类似地，在马里，1991年3月发生的政变归因于人们对严重腐败和挪用公款的愤恨，严重腐败和挪用公款成为总统穆萨·特拉奥雷政府的特征。

很重要的一点是，腐败会降低公共产品和服务的质量，甚至危及公共安全。在韩国、亚美尼亚和土耳其这几个国家最近的地震中，楼房倒塌和千百万人死亡被部分归咎于按照腐败的合同建设了不达标建筑。简而言之，腐败减少了国家的预算资源，同时也减少了卫生与社会保障的公共支出。

最后，无论是在英国还是在非洲或亚洲，腐败对穷人的打击最重。从英国威斯敏斯特议会领导者雪莉·波特女爵士为赢得选票出售公用住房的丑闻（议会损失了2 700万英镑），到印度偷窃援助资金（只有15%的援助资金到达预期受益者的手中），腐败都使得穷人更穷。

贿赂也会提高工程成本。当这些工程用国际借款进行支付时，贿赂增加了国家外债，致使普通人通过削减卫生、教育和公共服务上的支出来偿还借款。通常，他们也不得不通过承担起工程的长期负担来偿还借款，这些工程对其无益，也是他们未要求过的。

阿根廷和巴拉圭之间的巴拉那河上的 Yactreta 大坝就是一个工程成本急剧上升、无法控制且无人负责的典型例子。当意大利和法国承包商开始动工时，成本预计是15亿美元。20年后，工程仍未完工，而账单已经高达100亿美元。大部分资金都被转移到了阿根廷和巴拉圭政府官员的银行账户中。

公司的成本

　　贿赂和腐败造成公司运营环境的不确定性。据世界银行丹尼尔·考夫曼所言，在一些国家，在 5 年内由于腐败而失去投资的可能性高达 80%。

　　腐败依旧是贸易的一大障碍。美国商务部估计，在 2001 年 5 月 1 日—2002 年 3 月 30 日期间，价值 350 亿美元的 60 个海外合约的竞争受到了贿赂外国官员的影响。在这 60 个合同中，美国公司认为已经失去了价值 60 亿美元的 9 个合同——由于它们拒绝参与贿赂和腐败。1999 年，美国商务部报告称，在随后的 5 年中，贿赂被认为是总计 1 450 亿美元的 294 个商务合同的影响因素之一。1996 年，《世界商务杂志》报道称，单单德国公司的行贿金额就超过了 30 亿美元。

　　美国证券交易委员会（SEC）向参议院银行业委员会透露，例如，从 1963 年到 1972 年，埃克森公司总的贿款额高达 7 800 万美元。洛克希德公司为了获得和维持海外业务进行了总计数百万美元的秘密付款。（这发生在 1977 年通过《反国外腐败法案》之前，该法案认定美国公司进行此类海外贿赂不合法。）

　　不仅仅只有公司涉及其中。根据一个法国秘密服务报告，1994 年法国的官方出口信贷机构为了贿赂购买"防御设备"的外商，支付了大约 20 亿美元的贿赂款。

社会的代价

　　即使是全球腐败的监督部门透明国际也不愿给全球腐败和不道德行为确定一个准确的价格。大多数参与者都不大乐意公开其账簿。大部分证据虽然只是传闻，但却令人忧虑。

　　由于操作上的隐秘性，所谓的"离岸金融中心"（其实许多城市是内陆城市）已经成了犯罪和腐败收入洗钱的极佳场所，并且已经牵涉进几乎所有洗钱计划中。1996 年，IMF 估计每年海外的洗钱数量为 5 000 亿美元——占全球 GDP 的 2%～5%。到 2008 年为近万亿美元，瑞士、开曼群岛和卢森堡的银行体系都受到来自国际权威机构的压力。

不仅仅是金钱成本

　　腐败还可产生许多其他具有严重破坏性的影响。透明国际称，即使没有任何经济效应，还有一个关键问题。腐败有时通过"避免官僚体制下的繁文缛节"和"把生意做成"的借口来为自己辩解。

在世界一些地区中，腐败和贿赂造成了自然资源的加速枯竭。例如在菲律宾，伐木特许权的数量相对来说非常少，过去的20年中大约有480个；但是据估计，由于极低的特许费和税收，拥有伐木特许权的人已经积累了420亿美元的利润。这一体系使得少数家庭富裕起来，而其他成千上万家庭的生活却因为缺少森林覆盖和当地社区的迁移而受到负面影响，更不用说浪费公共财产导致的财政收入损失了。这同时对环境也造成了灾难性的影响：菲律宾失去了近90％的原始森林，导致诸如水土流失和当地气候变化等严重的生态失衡。

同样，据非政府组织全球见证（Global Witness）估计，在柬埔寨为了得到每立方米的木材需要支付相当于50美元的贿赂。1997年，伐木量为250万立方米~450万立方米，分别代表着1.25亿~2.25亿美元的贿赂。这一数字能够给木材本身的经济地租状况增加潜在价值，在1.84亿~3.37亿美元之间。更低的估计是，这意味着来自有限国家资源的3.09亿美元的收入损失，超过了总额为4.19亿美元的国家年度预算的73％。在同一时期，官方林业收入只为预算贡献了1 240亿美元。

对立的观点：金钱使事情顺利进行

"贿赂"派认为，腐败有时为企业提供了避开严厉监管、没收性赋税和/或不恰当法律制度的唯一方式。这一观点的支持者认为，通过允许企业使用贿赂来获得渴望得到的收益，这一状况中的腐败既没有与发展目标不一致，也没有与其不相容。

不仅如此，贿赂派声称，腐败甚至会促进增长。他们认为贿赂也许是有益的，因为贿赂可以作为对未受到足够监督的低收入官员加快文书处理速度的奖励。在无效率的法律体制中，为避免繁杂的规章程序和税收而进行贿赂可以降低这些贿赂者的运营成本。无论哪方面都不是小问题。一位曾经想要经营家具生产公司的白俄罗斯商人说，他需要多达70名行政人员来签字审核，这个过程至少花费了他7个月的时间。

争论仍然在持续，贿赂也可能开辟出稀缺商品和服务市场，这些商品和服务通常是由政府以低于市场价格的水平甚至免费提供的。（例如，在中国，1989年的煤炭市场价格是政府补贴后价格的8倍。）在政府采购合同的竞价投标过程中，贿赂最多的公司将会中标——而预算成本最低的公司恰恰能够负担得起最高的贿赂资金。

对于那些行贿政府官员的人来说，这样的论断正中其下怀——但并不是绝对正确的。贿赂同质量低劣的产品或服务有着不可分割的联系，原本不具备提供相关服务资格的人往往通过行贿从事该服务活动并从中获利。旨在赢得主要合同和特许权（或者获得私营公司的所有权）而提供的贿款，通常被高官及其亲属密友所独享，而这些人往往能够被免于起诉。

不足为奇的是，新兴经济体的高官也认为，公共部门的腐败是其国家经济发展的主要障碍。他们似乎也是对的：世界银行针对 39 个国家的调查显示，当严重腐败伴随可靠度低的贿赂行为时，投资率将会减半。更"可靠的"腐败——可以肯定，很多受贿官僚都会保持他们的腐败行为——也许代价会低一些，但仍然对投资造成很大的冲击。腐败程度较高的国家投资率就相对较低，如果没有其他原因，则投资于这些国家大致相当于额外交纳 20％的"腐败税"。

注意 ☞

透明国际有一个有用的参考标准："20 万美元的 5％将会使一个中层官员产生兴趣；而对高层官员来说，则为 200 万美元的 5％；2 000 万美元的 5％可以令部长级高官及其骨干人员动容；而要博得国家元首的认真关注，则需要 2 亿美元的 5％。"

腐败确有积极面

谈到其积极的一面，腐败也许代价高昂，但可以给国家和政府提供宝贵的经验。

1. 允许规章制度（甚至是好的规定）在个别情况下更加灵活，增加其弹性。

2. 以有效方式豁免管制和税收。

3. 回避本身不合理的规定。

4. 激励官员努力工作。

5. 降低管理以及其他成本；例如，相比同样的罚款，贿赂的社会成本更低。

6. 腐败问题提供有关法律质量的信息，并促进有效改革。

7. 为处在社会边缘的群体提供了接触政府的机会。

公务人员对贿赂的常见辩辞

- 它一直都存在，不可避免。
- 在西方，拒绝贿赂很困难。
- 贿赂是一个平行的分配制度，每个人都这么做。
- 在这种文化中，贿赂是做生意的传统方式。
- 我别无选择，如果不这么做的话，我将失业。
- 会受到质疑的数额很小。
- 贿赂同税收一样。
- （在某些国家）贿赂支出是可扣除的经营费用。
- 贿赂金是一项交易成本。
- 即便我们不这么做，我们的竞争对手也会行贿。
- 竞争对手毫无顾忌，而且其产品和服务质量低下。
- 在这个国家行贿与在本国给小费没有区别。
- 支出贿款有利于公司的发展，这么做会给本国创造就业机会。

资料来源：Henry-Claude de Bettignies，Professor，INSEAD & Stanford，The Conference Board's Working Group on Global Business Ethics Principles.

第四章

美德会有收益吗？

狡猾不会盈利，诚信不会亏损。——中国谚语

当然，这个问题没有界限分明的答案。商业如同人生，有时美德自有其回报。或许全球商业伦理的不幸现实之一是，坏人不总是做坏事，好人不总是做好事。

然而，研究结果也支持这一看似清晰的趋势。简单地说，按商业伦理行事并不能为良好收益和股票业绩提供保证，但伦理底线确实不能打破。

发现伦理行为与增长的收益或股票价值之间稳定的定义清晰的直接联系，是关于这一主题的学术研究的终极目标。有研究表明，公司的不道德或不合法行为被报道之后，公司的股票价格下跌了。在年度报告中对伦理做出明确保证的公司，比没有做出保证的竞争者拥有更高的股票价值。微观层面的研究也表明，在美国那些表现出更多道德行为的销售团队比竞争者的业绩更好。（但情况在我们研究的一些亚洲国家并非如此。）

尽管所有的证据在表面上听起来都不错，但是这些研究没有一个能真正回答譬如究竟先有鸡还是先有蛋的问题。是商业成功使拥有更多资源并更加成功的公司变得更有社会责任感呢，还是这些公司因为更具有社会责任感而变得更成功呢？或者更直截了当地说：美德是富人的特权吗？

■ 没有伦理底线的政策代价高昂_____

公司为何以伦理方式来驱动运营，有三大原因，其中两种与盈利相关。

□ 道德

作为商业活动与社会活动之间社会契约的一部分，商业在改善人们的生活与环境方面具有义务，以交换经营的特权。简单地说，公司践行这种契约是因为这样做正确。

□ 服从

随着更多具有社会意识的消费者的出现、更多国际角度的政府首创手段的出台以及政府执行力度的提升，依照伦理行事可以避免潜在的罚款，避免可能出现的代价高昂的大国干涉和管制。

□ 机遇

良好的道德操守引致更高的顾客忠诚度。

■ 美德＝出色的公共关系_____

拥有强有力道德方案的公司已经发现，这些努力能减少潜在的高昂处罚、降低脆弱性、提升名誉、获取资本渠道、有力地影响其盈亏并且积极地影响雇员的工作投入程度和提升顾客忠诚度。良好的道德实践有助于公司经营：

- 强化财务绩效：在"鸡和蛋"问题有答案之前，在今天的商业活动中已经竖立起了强大的信念，即良好的伦理实践对公司的盈亏有正面的影响。
- 提升顾客忠诚度、销售量、品牌的形象与声誉：在全球经济中，品牌的形象与声誉是公司最有价值的资产。顾客似乎更喜欢有良好道德声誉的品牌和公司。道德实践与诚信方面的良好声誉有助于建立顾客的忠诚和信任，且在危机或道德下滑时有助于通过赢得公众增长的信任与同情（在某种情况中是谅解）来弱化冲击。当然，硬币的另一面是，不好的声誉会削弱公司品牌的价值且很难恢复。《华尔街日报》国际版、日本报纸 NIHON KEIZAI SHIMBUN 与 Bozell Worldwide 广告公司的共同调查显示，与九个"极其重要"的普遍的企业公民意识类别相比，"道德与价值观"在欧美消费者中名列第一，在日本位居第三。

- **加强员工的投入度和积极性**：公司坚定的价值观与道德目标有助于雇员发现工作的意义，增强雇员对组织的忠诚度。缺乏道德价值观会有负面影响，会导致员工变动，使有技术和价值的工人流失——紧张劳动力市场中的危机。1999 年由 Walker 信息公司和 Hudson 研究所进行的一项雇员调查发现，那些认为自己的高层不道德的雇员只有 9％愿意继续留在公司，而认为自己的领导有道德的雇员 55％想要留下来。德国 Hugo Boss AG 与 Guggenheim 的雇员们对其建立的合作关系反应特别强烈，以至几个工会都在雇佣合同中明文规定由 Hugo Boss 继续向雇员提供赞助。

道德＝成本控制

- **风险最小化。** 被认为对股东、员工、社会或其他利益共享者不道德的公司，更有可能发现自己成为激进主义分子施加压力、联合抵制甚至针对其网络业务进行"服务否定"攻击的对象。
- **避免罚金、法院强制赔偿以及刑事诉讼。** 公司与雇员应遵循指导其业务的国内、国际和地区性法律，不能遵循这些标准将会在时间、资源、品牌形象与雇员顾客忠诚方面付出沉重的代价。另外，有力的伦理推动活动的发展能极大地减少由不正当的、欺骗性的、歧视性的或非法行为导致的罚款可能。比如，欧洲委员会有权对公司处以高达其全球收入 10％的罚单，1998 年大众汽车因违反竞争规则而被罚款 9 000 多万美元。
- **减少运营成本。** 践行社会责任和美德，特别是处理环境和工作场所问题，能够通过减少浪费、提高劳动生产率与资源分配效率来降低成本。比如，陶氏化学公司与国家资源防务委员会（NRDC）就减少一家陶氏工厂 26 种有毒化学品的生产，达成了一项 3 年方案。陶氏公司用 310 万美元的投资每年为公司节省了 540 万美元的运营成本，同时还改善了某些陶氏业务中心的产品质量或增加了其生产能力。
- **避免商业损失。** 由于与日俱增的媒体关注和顾客行为，对大公司而言，仅仅考虑自己的伦理行为是不够的，现在还需确保其供应商在开展业务时也遵循道德行事。不愿意或者无法满足要求的销售商将会遭受失去生意的风险。皇家荷兰壳牌公司曾取消了 69 项合同，因为对方不能遵守其伦理、健康安全与环境政策。日本政府吊销了 Credit Suisse 在日本的商业许可证，因为其涉及 40 亿美元的交易的误导性以及不合理的金融账户操作。

- **拥有更好的资本渠道。** 有社会责任感的公司不仅能从商业圈内享有的声誉中获利，而且还能从公众增长的盛赞中获利，提升其吸纳资金和获取商业伙伴的能力。据《社会投资论坛》报道，有超过 2 万亿美元的资产是以投资组合的方式进行管理的，而这些投资组合会定期接受道德、环境以及其他社会责任方面的审查，这代表了美国实行专业化管理的 16.3 万亿美元基金中 12％以上的份额。

从何处着手？

如果你的公司从来没有认真考虑过在伦理和公司社会责任问题上所持的观点，那么下面六个步骤可以作为开始这一过程的指导。尽管行事符合伦理很重要，但如果你的公司希望从"行善"中获利，那么把这个信息传递给大众也同样重要。

1. 阐明公司的主张和它带给市场的价值观。公众意识到这些价值观了吗？他们赞同这些价值观吗？

2. 检验公司的内部和外部关系。这些关系有意义吗？能反映公司的价值观吗？公众和媒体通常认定这种联合是有罪的。找寻其他能满足你公司伦理标准的公司，并与之建立新的关系。

3. 了解目前公众对公司的期望。你准备好满足这些期望了吗？

4. 审查公司的定位、资产、负债以及对品牌、产品、公开立场与社区方案的承诺。进行竞争性分析。

5. 将公众形象与公司行为作对比。二者相互矛盾吗？

6. 通过媒体向雇员和社区吐露心声时，不要羞怯。

善因营销：美德获益的另一种方法

善因营销（cause-related marketing，CM）似乎是一种使美德必然获益的方法。如果其他情况都相同，那么全球众多的小众消费者（几乎遍布全球每个角落）更喜欢与"其志不仅在利"的公司开展业务。

善因营销将企业产品与特定缘由或某种价值观联系起来，以期待持有相同价值观的消费者出于对这一缘由的支持，会有更多可能购买该产品。善因营销的重点是，吸引那些想通过购买而显得与众不同的消费者。

这并不是传统意义上的公司慈善。公司为非营利组织做贡献由来已久了，但这些捐赠通常仅为受惠人所知。真正的善因营销包括公司和缘由之间备受关注的合作关系。善因营销将捐赠与销售联系起来，或者在某些情况下，将捐赠与公司盈利联系起来。

世界各地的公司不再希望自己所能做的仅仅是给慈善机构开支票。它们希望参与其中，并且原因并不总是无私的。公司过去常常捐助慈善机构，是因为受善心驱动或者寻求税收减免。现在，它们捐助时，想得到的也不仅仅是利润回报。如果慈善之举进行得当，那么善因营销可以有助于销售产品、提升企业形象并激励员工。

注意☞

美体小铺公司（Body Shop）重视宣传其反对在动物身上进行产品试验的立场，以此作为产品质量的标志，同时也作为吸引赞同动物权利运动的消费者的手段。这是善举还是公关？实际上，二者皆具。

为什么极力推崇善因营销？

市场中充斥着太多的产品和公司，这些公司销售从电脑、牙膏到化妆品的一切产品，同类产品有相似的质量、价值和服务。为了在全球诸多毫无个性的商品选择中使自己的产品与众不同，企业已求助于善因营销以在消费者心中显示其独一无二的特征。

如果调查可信，那么善因营销改变消费者行为的可能性很大。考恩交际是一家专门从事善因营销活动的咨询公司，提交了一份名为《考恩罗普基准调查》的报告。其中的发现包括：

- 78％的成年人称他们更可能购买与其关心缘由有关系的商品。
- 66％的成年人称他们可能转换品牌，62％的成年人可能转向支持其关心缘由的零售商。
- 54％的成年人称愿为支持其关心缘由的商品付更多的钱，30％的成年人愿多付5％，24％的成年人愿多付10％。
- 大约五分之一的消费者（5 800万）回忆以往他们附带缘由购买商品的经历时，提及最多的是超市里的食品（占50％）。

英国类似调查的数据令人大开眼界：

- 89％的消费者更可能购买有利于某种缘由的商品。
- 86％的消费者称他们对世界上有影响力的企业有更正面的印象。
- 83％的消费者同意企业应参与到其所在的社区之中。

如履薄冰

当然，在没有做好准备工作前，把营销活动成功地从一国输送到另一国、从一种文化输送到另一种文化无异于自找麻烦。善因营销有一套自己的防范措施。如果对善因营销活动的宣传过于张扬，那么消费者会指责你利用慈善以达到谋私、逐利的目的。但如果过于谦逊，那么善因营销活动可能因无人知晓而失败。如果选择的理由本身带有伦理问题，那么最终会得到负面的结果。

尽管善因营销只是最近才有的现象，但有些国家的消费者已经对善因营销的过度使用表示怀疑。这种怀疑否认赞助企业的任何盈利，事实上可能在消费者心中导致负面的联系。

警告☞

缘由就像一时的风尚，来去匆匆。必须用心选择。

美好的旧式挪威怀疑主义

位于挪威斯塔万格市的挪威管理学院的助理教授佩吉·西蒙可·布罗恩的研究发现，比起美国人和英国人，挪威人对善因营销不是太热情。

比如，46％的挪威人会选择代表某种缘由的品牌，35％的人在知道某一品牌支持非营利组织后，更可能转向其他品牌。并且，相比美国和英国的消费者，挪威人不太可能为那些支持非营利组织的品牌支付更高的价格。

态度对比

对善因营销的态度	美国	英国	挪威
了解企业支持的缘由	79％	68％	7.5％

可能转向那些宣称有助于某种缘由的品牌	76%	86%	35.5%
可能为支持某种缘由的品牌付更多的钱	54%	45%	29.2%
更可能购买支持某种缘由的商品	78%	不适用	46.3%

推销你的伦理观

　　美国 VISA 公司开始了惹人注目的被称为"给我读个故事"的善因营销活动。VISA 同意捐助名为"阅读是基础"的慈善组织，它是美国最知名的慈善组织之一（以扫除文盲为目标）。该慈善组织收到了 VISA 公司 110 万美元的捐赠，并且在"给我读个故事"活动期间 VISA 卡的销售猛增了 20%。研究表明，在了解该活动的消费者中，该卡的使用量有显著增加。但是，研究也发现，尽管人们认为儿童的读写能力是重要缘由，但是 VISA 公司需要发布"阅读是基础"组织参与活动的更有力、更明确的信息。

　　因此在第二年，VISA 公司将"给我读个故事"的广告预算翻番，增至 2 000 万美元。最后的局面是营销活动的开支远远大于对慈善机构的捐助。

　　纯粹主义者称善因营销最后可能造成对慈善组织的损害，并且造成消费者对私心麻木不仁。消费者既可以放纵自己，也可以通过消费行为认同某种观念来做好事，以帮助更多的人。一些消费者的善行常到此为止（即"我在办公室给过了"的心态）。然而，企业所获盛名远大于对慈善机构的捐助。同时，通过受关注度很低的传统渠道慷慨施赠，善因相关的投资回报十分微小。

为企业开展成功的善因营销活动

　　成功的善因营销方案应该：

　　1. 促销和/或为公司打开通途。

　　2. 吸引员工，向他们提供参与其中的方法，如果可能的话，向其提供管理项目中的一部分机会。

　　3. 易于由非营利组织运营和管理，因此几乎不需要花费企业员工的时间。

　　4. 易于解释和进行股东答辩。

　　5. 有新闻价值，能吸引媒体。

　　6. 符合企业既定的准则。

　　7. 低风险。

　　8. 倡导相关成员参加并鼓励他们坚持。

9. 为企业预先约定的审查留出余地。

10. 如果可能的话，与你的业务范围关联起来。

11. 呼吁消费者的利他主义。

12. 简洁、独特、易于理解。

13. 吸引尽可能多的观众。

14. 宣传营销信息。

15. 提升身为良好公民的形象。

伦理的盈利策略

美德可以获益的部分理由是，站在战略高度掌控自己的声誉以避免来自激进主义组织、股东和媒体的挑战。对于那些涉足环境敏感行业的企业，尤为正确。《处理环境问题：案例记录》由阿尔弗雷德·马库斯与詹姆斯·普斯特所著，该书详述了一套最好的惯例，该惯例由奉行 SEM（战略环境管理）的企业创立，SEM 是一种防止多方攻击的先发战略。

□ 策略与组织

● 减少污染环境的行为。
● 进行环保活动的研究，并推动其发展。
● 开发和扩展环境整顿服务。
● 收购环保企业。
● 改变结构、赔偿以及其他制度。

□ 公共事务

● 努力避免因漠视环境问题而造成的损失。
● 努力争取环境问题的合理性与可信性。
● 与环保主义者合作。

□ 合法

● 努力避免与污染控制机构发生冲突。
● 早日遵循。

- 采用创新的合规程序。
- 依靠自我管理，而不是政府规定。

□ 运作

- 推行新制造技术。
- 促进那些减轻产品与生产过程污染的技术进步。
- 调整生产设备，改变制造程序。
- 消除生产中的浪费。
- 寻找废物的其他用途。
- 废物回收利用。

□ 营销

- 说明产品的环境友好特征的真实情况、全部真实情况以及仅有的真实情况，避免受不合理索赔的侵害。
- 创造消费者对环境友好型产品的需求，研究市场。

□ 账目

- 说明反污染计划的支出。
- 说明所有减污计划的影响。

□ 财务

- 获得关心环境的投资机构的尊重。
- 认清现实责任。
- 认清商业机遇。

■ 全球如同当地

在全球范围内开展成功的企业公民运动，需要企业在全球和地区层面上同时对方案进行运作。企业必须决定如何最好地满足不同地区不同股东对企业的责任要求。典型的战略因素包括在清晰的企业全球战略中给予当地管理部门尽可能多的灵活性。通常，在资源最少的发展中国家社会需求最大，所以诀窍是要平衡中心主题与地区应用的关系。精明的全球企业公民可能拥有以下大部分或全部的要素：

- 在网站或工厂层面上，有几个典型的小项目，反映当地要求，同时与任何全球主题都无关。
- 在当地、国家或地区层面有许多项目，符合广泛的全球主题，但有不同的地区热点与不同的实施方法。
- 有几个在国家或地区层面上实施的旗舰项目，拥有卓尔不凡、经久不衰的品牌，以及随之而生的非常相似的实施模式。
- 与一两个非政府组织或准政府机构，比如联合国和姐妹机构，建立了全球战略联盟。

第五章

对商务伦理立法

做了法律没有明令禁止的错事就没有那么可耻吗？——托马斯·杰斐逊

大型跨国公司跨境经营且独揽大权，影响那些试图取悦和接待它们的社会。有学派声称当今跨国公司侵占了政府和国际组织的权力，成为全球对改革最具影响力的实体。

确实，跨境业务的扩张为这些公司带来了极大的权力，但同时人们通常不信任"大企业"，质疑其动机，令人痛心的是并非所有企业每时每刻都按规则行事。

随着无国界商贸的发展以及全球互联网电子商务的飞速增长，跨国公司发现自己在形态迥异的法律和文化风俗中开展业务。有时挑战很简单，诸如准确无误地翻译一份商务文件或者在合适的时间为位于世界另一边的跨文化团队成员安排电话会议。而其他时候文化冲突可能会引起代价沉重的大危机——特别是涉及商业伦理惯例时。

远离本土经营——远离友好轻松的文化——跨国公司开始意识到在其经营业务的遥远国度中，法律规则以及那些支持法律的制度的重要性。脱离了基本的法律规则，全球经济体系会有彻底崩溃的危险。保证顾客、供应商、商业伙伴以及政府在道德上始终如一地行事的要求从未如此强烈。许多企业和政府刚刚开始意识到良好的道德行为最符合它们自己的利益。

现实的刺痛：艰难的抉择

如果现实情况是每个国家和地区都有自己的商业伦理、历史和标准，那么跨国公司怎样有效处理种种相互冲突的风俗和伦理呢？

对一些公司来说，学习并适应不同的文化的原因可能是因为在该文化中做生意，需要在伦理方面做出妥协。反过来，这可能使它们采用不同于本国经商的方式——甚至可能是相互矛盾的方式，如果不是完全非法的话。

跨国公司面临的最大理论问题是：能否冒险在要求其在风俗和文化方面做出伦理妥协的国家获得利润？这种妥协可能会对其在其他国家或母国的经营活动产生负面影响，包括声誉在一些国家遭受更大败坏的风险、顾客的联合抵制以及员工士气不足。在相互持股和全球扩张的今天，同一公司各部门间不曾出现道德行为冲突，但是位于不同国家地区的部门则会出现这一问题。考虑到对声誉和员工士气的潜在损害，对一家成功运作的大型公司的国外子公司而言，会运用一些在该公司本土经营中不允许使用的策略。

全球制造和零售企业面临的最常见的伦理冲突可能就是童工问题。在像孟加拉国、巴基斯坦和洪都拉斯这些国家，不仅当地风俗允许雇用年龄最小只有8岁的童工，而且法律也允许这么做——有时会规定儿童劳动定额。虽然家长和孩子可能愿意提供劳动（甚至可能要求工作机会），但是如果消息传到外国公司的国内市场，那么对他们来说这么做就很冒险。此时，公司必须在让家庭陷于贫困和阻止儿童接受教育之间做出选择，这并不容易。

全球道德准则是必要的吗？

公司的伦理决策应受控于民族文化和企业道德准则吗？当然，一些公司选择受控于两者中相对不严格的那个，并用"入乡随俗"的托词来为其行为辩护。或者在政治上正确的精神下，不承认公司伦理决策受控于民族文化或企业导则准则的人会寻求"我们从不擅自把我们的道德标准强加在其他文化上。我们不是伦理或文化的帝国主义者"的托词。

上一个论点其实是用反全球化运动来搬起石头砸自己的脚，它没有解决究竟该用哪套伦理的问题：本土的？外国的？还是全球的？

难以规避的事实是并非所有的文化都认为腐败是不合理和不合法的行为。

虽然世界上没有一个政府公开允许政客或公务人员声称法律允许其腐败、接受贿赂或者浪费有限资源，但是通常私下里都默许了。从逻辑上讲，由于腐败必然是秘密进行的，因此国际商务越透明，越有助于向全球透明度标准发展，战胜腐败和贿赂的机会就越大。为了大家共同的利益，市场会更有效地运作，当然不包括那些曾经受贿的人。

现今，发达国家和发展中国家之间正在形成共识，商业成功属于那些规定了法律制度的企业和国家。这意味着在世界最成功的经济体中能够发现良好的商务伦理、公司治理和有效的商务纠纷解决机制。

在许多国家，社会不会奖励企业具有社会责任感的行为。如果公司能够打擦边球、行贿、欺骗政府或消费者而不受惩罚的话，那么它就会这么做。全球的企业要想竭尽全力从社会中谋取利益，就必须在遵守法律、重视并奖励道德行为的社会中经营。

公司不可能无视国家或文化的整体道德风气。如果社会处于道德困惑的状态、缺乏对法律的遵守、缺乏信任以及愤世嫉俗，那么跨国公司还有什么成功的希望呢？因此，商务伦理不仅要处理企业如何经营的问题，而且必须有助于维持一个道德社会。

注意 ☞

主要基于欧洲联盟（简称欧盟）和北美的模式，对更加统一和有组织的商业惯例的要求正在引领诸如公司伦理、公司治理以及公司会计等惯例朝着全球标准化方向发展。这并不总是受到亚洲、非洲等发展中经济体的欢迎。道德不仅是工具也是武器。

☐ 更多有利于国际准则发展的趋势

一些有助于国际伦理准则发展的基本宏观趋势是：

- 企业逐渐意识到为了取得成功，它们必须处理好所有利益相关者——顾客、股东、员工、供应商、东道主政府和东道国——的需求与关注。确实，对利益相关者利益的日益重视意味着企业不再是不顾一切代价地追逐利润最大化的经济实体。
- 北美和欧盟不断参与世界市场，以及有关贿赂和腐败的法律协调。
- 发展中市场特别是亚洲、非洲和拉丁美洲等的发展中市场，意识到西方风格的商业伦理是实现全球经济一体化的重要的第一步。良好的伦理实践对于本国经济发展以及获得全球资本也起着重要作用。

- 诉讼和媒体丑闻的风险促使企业和个人依靠商业行为以及财务业绩来取得成功。
- 商业专业化的发展浪潮。伦理迅速成为管理技能，而不是偶然选择。

并非所有人进度相同

尽管有很多关于企业伦理重要性的说法，但一些研究表明——至少在美国之外——很少有企业以书面形式确立行为和伦理准则。例如在澳大利亚，71%的公司没有书面准则，在日本这一数字为70%。在德国、法国和英国这一数字低于60%（与美国相比虽然仍旧很低，但是相较于1984年的20%来说已是一个很大的进步）。然而，即使那些有已制订准则的大型跨国公司也很少花时间和精力去保证其在不同文化间的一致性。伦理对很多人来说，依旧是像"多元化"和"员工授权"一样的"政策手册"——标题很流行，但却缺少日常操作。

警告 ☞

树立地方性伦理准则最大的问题是无法预测投资回报率。在大多数情况下，公司不得不通过诉讼或使客户不满的方式来确保不亏损而不是获取额外利润。道德行为通常更多地通过风险管理体现为成本控制而不是盈利中心。

国际商务伦理的基本原则

一套经过立法的国际商务伦理已经成为商业的终极目标。我们正在努力追求这一目标，但仍未实现。大多数国际商务伦理的支持者都赞同伦理实践的国际准则是21世纪重要的多国工具，而非基于个体文化特有规范和惯例的准则。国际商务伦理组织为跨国公司提供了以下三个基本原则。

- **一体化** 商务伦理必须融入组织文化的各个方面，反映在主要管理体系中。公司要从使伦理与目标制定和雇佣惯例一体化开始。当在公司内部将员工提升到更高级别时，伦理原则必须指导激励制度。
- **实施** 道德行为不仅仅是一个理念，而且要求在公司特定工作领域中实施改变了的计划。一些例子包括努力更改人事考核程序，推行改善了的环保做法，以及必要时咨询专家等。
- **国际化** 21世纪所有成功的企业都必须不断国际化。通过达成国际伙伴关系、贸易集团以及实施 GATT 与其他自由贸易协定，企业也可以实现国际化。机构对自身定义的超越国界的一体化进行说明很有必要。产生的方案没有从文化角度制定，因此应用于全球环境时几乎不需要或根本不需要改动。

以实例准则为生——至少以此经营

对所要遵循的所有国际准则进行概括可找到一个共同点：当其呼吁企业的社会意识时，这些规则也在呼吁企业底线。所有准则都强调道德行为的商业意义而非哲学意义。国际规则呼吁保护公司的核心利润，同时，遵守国际规则带来潜在投资回报率的可能性是赢得大家普遍遵守规则的唯一现实手段。

所有准则明显大大超越了公司的经营，含蓄地认可了大型跨国公司影响社会变革的力量。这些规则给企业施加了巨大的负担，但是强调可持续发展的理念——稳定的报酬和成功的社会就是稳定和成功的企业。

准则一：高斯圆桌会议

（全文见于 http：//www. cauxroundtable. org/）

世界正在经历一次深远转型，来自欧洲、日本和美国的商界领袖参与的高斯圆桌会议，致力于发挥激励工商业作为全球创新主要动力的作用。20 年前飞利浦电子公司前任总裁弗里茨·飞利浦和欧洲工商管理学院（INSEAD）前任副主席奥利弗·吉斯卡尔·德斯坦共同创立了该圆桌会议，借以减缓日益严峻的国际贸易紧张局势。它关注参与国之间建设性的经济和社会关系的发展，提倡其对世界其他地区的共同责任。

在佳能公司董事长贺来隆三郎的敦促下，圆桌会议集中关注在减少社会和经济对世界和平与稳定的威胁方面全球企业责任的重要性。圆桌会议承认领导力共享对于建设一个充满活力、更加和谐的世界必不可少。基于对最高道德价值观的共同尊重以及个人在其可影响范围内负责任的行动，圆桌会议强调发展持久友谊，并增进相互理解和合作。

迄今为止，圆桌会议原则在很多方面都是最具有国际影响力且普遍适用的伦理规则。

总结

高斯圆桌会议认为全球商界应该在改善经济和社会状况（可持续发展）上发挥重要作用。作为渴望达到的主张，该文件的目的在于体现衡量企业行为的世界标准。圆桌会议寻求启动一个进程来确定可共享的价值观并协调那些不同的价值观，从而在所有人均可接受并引以为豪的行为方面开发出可共享的观念。

这些原则基于两个基本的伦理规范：共生和人类尊严。日本人的共生概念是为共同利益而生活与工作，同时促进合作和共同繁荣与健康、公平竞争共存。"人类尊严"是指每个人以神圣或个人价值为目标，而不是简单地指实现他人的目标。

第二部分以阐述共生精神和"人类尊严"为总则，第三部分的特定利益相关者原则主要关注它们的实际应用。

商业行为能够影响国家之间的关系以及我们所有人的繁荣和幸福。国家之间通过商业行为进行第一次接触，通过这种方式引起社会和经济变革，并对全世界人民的恐惧或信心水平起到了巨大影响。高斯圆桌会议成员最强调的是对本国进行必要的改革，努力确立什么正确而非谁正确。

□ 准则二：社会责任标准（SA 8000）

（全文见于 http：//www.cepaa.org）

根据《金融时报》，SA 8000 提供了其他全球倡议和伦理准则所缺失的部分：为全球任何地方任何规模和类型的公司提供了道德寻求的共同框架，同时可对准则产生的绩效进行衡量和比较。

认证标准——社会责任标准 SA 8000——是在经济优先认证代理委员会（CEPAA）的帮助下制定的，以促进世界范围内具有社会责任感的产品生产。新成立的 CEPAA 按照 12 个国际劳工组织公约和联合国人权条约发展SA 8000。SA 8000 标准代表了对来自国际商业界、非政府组织和劳工组织的建议所达成的共识。这一团体的目标是为社会责任贸易制定第一个可审核的国际标准。

CEPAA 授权独立的审计公司采用与已确立的 ISO 9000 和 ISO 14000 质量和环境管理体系标准相同的标准来监督企业是否符合 SA 8000 标准。为了有资格获得认证，申请机构必须满足童工、强迫性劳工、健康与安全、结社自由、歧视、惩戒性措施、工作时间、工资和管理体系等一系列可核实的标准。

总结

生产率的提高、效率的改善、废弃物的减少、利润率的提高使企业得以持续经营，获得竞争优势，满足顾客需求，促进投资，得到本国以及国际上的认可和声誉。实施 SA 8000 的机构通过独立的第三方进行登记，该第三方会向其顾客和其他相关者证明申请机构具有社会责任感。

SA 8000 设计通过以下方式提高企业的竞争力：

- 提高顾客的认可度和忠诚度。
- 提高全球认可的企业行为标准。
- 提高企业进行国际贸易的能力。
- 取消对企业进行多重审计和监督的要求。

如果你的公司满足标准，那么你将会得到一个证明社会责任政策、管理和经营的证书。审计员会就一系列事宜参观工厂并评估企业的行为：童工、健康与安全、结社自由与集体谈判的权利、歧视、惩戒性措施、工作时间和工资。审计员还会评估你的管理体系，以保证每个领域都保持一致。

SA 8000 的目标是持续改进而非被排斥。如果公司起初不满足这些标准，那么公司需要作出改进并遵守时间表以证明问题得到了处理。你应该记录问题所在领域的进步情况，采取预防措施避免再次发生同类事件。

☐ 准则三：《全球协议》

（全文见于 http：//www. un. org/partners/business）

在瑞士达沃斯世界经济论坛上，联合国前任秘书长科菲·安南要求全球商界领袖在他们各自的企业实践中以及通过支持恰当的公共政策来"支持和实施"《全球协议》。这些原则包括人权、劳动和环境等方面。对企业而言，包括：

- 通过更好地了解社会环境中的机会和问题来更多地与市场、客户和消费者联系。
- 良好社会声誉的优势。
- 有更多的机会营造开展业务所需的稳定和谐氛围。
- 减少具有破坏性的最终可能导致失去投资、合同或消费者的指责，带来更稳定的长期利益，带来投资能够健康成长的平和的社会。

近期国际金融市场的波动，连同文化和社会的负面影响，引起了人们对自由化的强烈反对。回归市场保护主义以及不必要的针对技术和商业创新的壁垒，都非常有可能。普遍而基本的社会价值观正在发展成全球化进程中的重要组成部分，这一清晰的例证将有助于保证市场持续开放，并真正把全世界人民更紧密地联系在一起。

☐ 准则四：美国商务部——商业原则模式

在对人权普遍标准的遵守上，美国政府认识到美国企业发挥着支持和促进作用，因此鼓励所有企业在世界各地开展业务时采用和实施自愿行为准则，这至少包括以下几个方面：

- **提供一个安全健康的工作场所**

  公平就业措施，包括避免雇用童工和强迫劳动，避免种族、性别、国籍或宗教信仰的歧视；尊重结社自由与集体谈判的权利。

- **负责环境保护和环境实践**

  遵守促进良好企业实践的美国法律和当地法律，包括禁止违法付款和保证公平竞争的法律。

  通过各级领导维护公司文化，尊重符合正常经营事务的言论自由，在工作场所绝不容忍政治压迫；鼓励良好企业公民意识，对企业所在社区做出积极贡献；所有员工认可、重视道德行为并以此为榜样。

在采用反映这些原则的自愿行为准则时，美国公司应该作为榜样，鼓励其合伙人、供应商和分包商也这么做。自愿采用反映这些原则的行为准则。鼓励企业制定适合自身特定环境的行为准则。许多公司已经实施了包含这些原则的声明或准则。企业应该找到合适的方式让其股东和公众了解与这些原则相关的行动。在这些原则中，没有任何东西意在要求企业采取违反本国或美国法律的行为。这些原则其意不在立法。

企业究竟为何要遵守这些准则？

这些准则示例中老生常谈的东西听上去都不错，看上去像是正确之举。但采取这样的行动能否具有商业意义呢？如果从长远角度来看，则答案是肯定的。

□ 基本问题和答案

关于为什么企业应该遵守之前描述准则中的原则，以下是一些基本问题和回答。

问题：企业为什么应该消除强迫劳动？

答案：废除强迫劳动是促进经济和人类发展的有效方式。强迫劳动降低了实现可持续经济发展和安全投资所需的人力资本和社会稳定度。强迫劳动还掠夺了今日劳动力市场为利用和开发人力资源所提供的机遇，以及未来劳动力市场为儿童教育提供的机遇。

问题：企业为什么应该提倡废除雇用童工？

答案：从根本上说，废除雇用童工有助于提升未来工人的技能和健康。有效废除雇用童工本身就是一个目标，但同时也是促进经济和人类发展的有力手段。童工降低了获得可持续经济发展所必需的人力资本。贫穷—童工的循环结果就是大量技术不过关、技能不合格的工人。如果现在继续允许雇用童工，那么未来可能就会出现熟练工人严重供不应求的局面。没有完成初等教育的儿童（假设可以获得）很可能仍是文盲，无法获得就业所需的技能并为现代经济发展做出贡献。

而且，雇用童工会损害公司的声誉，特别是就跨国供应链和服务链而言，对儿童的经济剥削，即使是商业伙伴所为，也会破坏你自己的品牌形象，对你公司的利润和股票价值造成巨大的负面影响。

问题：企业为什么应该消除歧视？

答案：就业和工作歧视降低了工作场所的生产率水平，减缓了社会整体的经济增长。缺乏容忍氛围会导致错失技能发展的机遇，以及在全球经济中加强基础结构竞争力的机会。同时也会减少企业可雇用劳动力的数量。

问题：企业为什么应该对环境问题采取预防措施？也就是说，为什么应采取行动预先制止经营行为可能造成的破坏？

答案：提前采取行动以保证不会对环境造成不可挽回的破坏，这更符合成本效益。采取预防措施具有积极的商业意义。当然防止对环境的破坏不仅需要承担机会成本，还要承担执行成本，但破坏发生后纠正环境危害的成本更高（例如，处理成本，公司形象）。

而且，规避风险相当于做了更好的投资。与投资于可持续的经营方式相比，投资于不可持续、耗尽资源、使环境退化的生产方式的长期回报更低。反过来，改善环境绩效意味着金融风险更小，是保险公司的重要考虑因素。

问题：企业为什么应该承担更大的环境责任？

答案：更有效的环境管理是企业竞争优势的主要来源。从排污费的降低到更好的社区关系，很多好处来自改善的环境绩效。更有效的环境管理和更有效的管理其实是一回事：能够很好地控制对环境影响的公司就是一家管理优良的公司。最后，如今公司发现长期维持和改善财务业绩需要实现三种资本——社会、经济和环境资本的平衡。

问题：企业为什么应该开发、使用并普及环境友好技术（EST）？

答案：不能有效利用资源的生产过程和技术会产生废弃物。对负责处理和储存这些有害物质的公司来说，这代表着持续的成本。而且，技术创新给企业带来了新的商业机会。使用 EST 有助于企业减少原材料的使用，带来公司效率和整体竞争力的提高。EST 可减少日常运行的无效率、环境污染物的排放，减少工人接触到的有害物质以及降低技术性灾难产生的风险。大多数企业都能够运用那些使用更加有效和清洁的材料的技术，这些技术有着长期的经济和环境效益。

第六章

伦理和董事会

假装拥有你没有的美德。——莎士比亚

跨境资本流动和国际投资的飞速增长产生了制定商业伦理全球标准的紧迫感。随着股票市场的全球化，世界各地的企业被迫关注影响其行为的各种公司治理标准。公司治理是描述对公司日常事务进行管理的受托人如何对股东、社区、政府、客户以及员工负责的术语。公司治理也与信息交流有关，以及与公司如何将自己呈现给整个世界以及包括股东、员工、潜在投资者、客户以及监管机构在内的公司利益相关者有关。

从本质上说，公司治理是关于对企业实体实行控制的活动，涉及主管机构（通常是董事会）的结构和工作流程，以及董事会与股东、监管机构、审计机构、高层管理者及其他合法利益相关者的关系。

大力支持国际标准

健全的公司伦理治理体系能够给社会带来巨大好处——不仅仅是防范大规模的银行业和金融危机（我们已目睹了 1997—1998 年金融危机期间糟糕的公司治理实践给亚洲带来的一切）。健全的公司治理细则和程序也能防止内部人士掠

国际商务伦理（第三版）

夺破产公司的所有剩余价值而让工人和小股东两手空空。

世界各地的企业越来越依赖于开放市场的股票融资进行扩张。美国投资者跨境债券和股票的买卖总额已经从 1980 年占国内生产总值的 9％增加到 20 世纪 90 年代中期的 170％。每日外汇成交量从 1973 年的 150 亿美元增加到了 2008 年的 2 万亿美元。仅伦敦、东京和纽约的每日跨境金融交易量就超过了 1 万亿美元。所有这些合计起来意味着经济影响力向股权投资者的转移。越来越多的投资者对公司注册所在国家不熟悉，因此，跨境投资者对公司施压，要求公司治理结构变得更加透明。

法国证券交易所大约 35％的上市公司股票归外国投资者所有；德国的类似比例为 25％，西班牙为 35％，荷兰为 40％。许多这类投资者不了解当地监督其投资的治理措施。

对采用公司治理实践全球标准的想法有多强烈呢？一项针对大型机构投资者的调查发现，美国 25％、法国 60％、澳大利亚 52％、英国 25％的机构投资者认为这一目标的实现对它们来说极其重要，而且也是当务之急。

董事会的秘密

大多数董事会更喜欢在公众视野之外行事。这不是因为他们一定在做什么违法之事，而是因为他们处理的是专有信息。管理层负责经营公司，董事会确保公司运营良好、战略制定合理。无论公司在哪里，这一点都适用。无论公司是在纽约、北京、莫斯科还是在伦敦，投资者都很少能够目睹会议室里究竟在发生些什么。确实，董事会会议对一些人来说依然是商业领域最大的未解之谜之一。

今天，治理中的关键词似乎是预防性维护。一家接一家看似强大的公司十年后都举步维艰——其中包括美国的安然公司、韩国的大宇公司、日本的三菱公司以及英国的巴林银行——如今公司治理以在公司衰落发生前就采取措施进行阻止为重点。

在世界各地的董事会会议室里，董事们正在他们应该和不应该起作用的地方努力重新定义规则。过去，董事职位是一个相对轻松的工作，必须参加偶尔举行的会议（通常是为费用问题），就公司 CEO 提出的一两个建议进行表决，可能再询问几个针对未来战略的问题，为高级经理设定工资级别，随后共进午餐。现在一切都改变了。世界各地正在针对公司、董事会以及个别董事在某些情况下的过失、滥用权力或侵犯小股东权利等行为提起法律诉讼。

董事应该做什么？

董事对监督公司高级管理层的行为负有最终责任，如果对高级管理层行为不满，也负有采取必要行动的最终责任。根据法律，董事的首要责任是为了所有股东的利益，善意、诚实地且依道德做事，对于所有能够影响股东利益的问题向股东提供相同的、充分的和准确的信息。董事不能把企业看成是为其个人利益而存在的（虽然一些人甚至在一些为自己开明的治理细则以及高尚的伦理标准而自豪的国家明确这样做了）。

董事会是现代公司的总体决策部门。可是大多数董事，世界各地有成千上万这样的人，从未接受过任何作为董事的正式工作培训。这种情况与20世纪50年代，在管理培训、管理理论和商学院发展之前，公司经理的情况有点类似。

董事会的基本职责总结如下：

- 确定机构使命和目标。
- 选拔经理人员，指导招聘流程。
- 为管理层提供持续的支持和指导。
- 确保有效的战略规划。
- 提供充足的资源并对分配进行监督。
- 确定机构的运营方式。
- 协助设计和提高机构的公共形象。
- 就公司内部争议作出判断。
- 持续监督经营和管理业绩。

并非所有董事会都行动一致

虽然大多数跨国公司都希望公司董事会具有国际特点，但本国流行的商业文化通常在董事会如何行事以及引导成员的眼力方面起着重要作用。不足为奇的是，国际咨询和猎头公司亿康先达的一项调查发现，世界范围内的董事会只有一个共同特点：对获得利润做出承诺。对欧洲、拉丁美洲、北美的24个国家所有188家公司进行的调查显示，所有董事会都将此列为首要任务。这并不令人惊讶，因为那是进入"盈利性"商业的关键。然而，即使是非营利机构的董事会也关注现金流。

除了上述问题，根据地理位置的差异，公司董事会优先考虑的事情、行为以及眼光也不同。

- **股东拥有的股权**　北美的公司中，54%的董事会成员要求拥有股份。澳大利亚居第二位，为47%。亚洲以10%排名落后。
- **CEO连任**　在北美一个重要的问题是，47%的公司指出它们的董事会与公司总经理讨论接班人问题，其他地区的董事会很少讨论CEO连任问题。北美以外的地区，不超过25%的董事会会讨论该问题。
- **外部董事**　澳大利亚82%、北美74%的公司称非执行董事会与经理单独召开会议。在拉丁美洲，这个比例跌至5%。在此类会议上CEO会被告知讨论的事宜吗？61%的北美公司报告说"是这样的"。所有拉丁美洲公司的回答是"有时是的"。
- **每年董事会议次数**　6～8次相当常见。然而，拉丁美洲33%的公司举行12次会议或者更多，而北美只有2%的公司会召开这么多次会议。
- **董事熟悉公司新项目所花的时间**　大约一半的公司说需要6～11个月。对比北美的7%，43%的亚洲公司称其董事可在5个月内完成这些工作。相比北美的58%，亚洲只有5%的公司会为董事会成员提供正式培训。

亚洲是个例外吗？

亚洲公司有着独特的情况，这种情况代表着对实行公司治理的国际标准的潜在挑战。在亚洲的市场环境中，公司通常以家族为基础且保密是一种文化习俗，在这种市场环境下有着与西方不同的所有权结构和商业惯例。这就产生了西方投资者特别是英国和北美国家的投资者通常所遵守的公司治理标准的其他替代类型。但是，亚洲公司治理惯例的不同很可能会加剧投资者的谨慎和怀疑态度。底线很简单：如果亚洲公司想要吸引西方投资者（并非所有公司都这么想），那么这些公司将面临更大的投资者压力，要么遵守西方标准，要么协调西方标准和自身惯例。

现实生活

在这个股权高度流动、资本市场多变的时代，当涉及如何监督公司和董事会时，有三个主要事实迫使公司和董事会采取更高的道德标准，本质上是推动企业界朝国际化的治理标准发展。

- **美国机构投资者** 与世界上其他地区相比，美国机构投资者确实是这个领域的"大人物"。它使其他国家的机构投资相形见绌。美国的机构投资给出了公司治理行动主义的类型，要求金融交易更加透明，这些都是在美国很常见，但却对其他国家的全球投资和公司带来了巨大潜在影响的东西。
- **经验丰富的跨国投资者** 全球股市上的公司面临着日益增多的跨国投资者，这些投资者依据全球治理标准的演化组合来评估公司业绩。
- **广泛参股** 美国以外普遍存在的交叉持股和少数人持股的"老朋友关系网"正在消失。根据更广泛的平等参与原则，随着过去严格授权股份这种主要障碍的解决，小股东们坚持认为在公平投票权和向管理层提供合理建议方面，他们的地位理应得到提高。

打开投资之网

在世纪之交，美国经济模式类似于目前德国、法国和日本的模式。资本扩张伴随着留存收益、来自紧密联系的银行体系的贷款、大量永久性交叉持股方式带来的大量长期股权的实现。美国逐渐发展出一个所有权分散且流动性很强的股票市场。随着国家更加依赖于股票市场的扩张，目前这一模式正被世界其他国家仿效，代替了所有权高度集中在创始人、家族、少数主要机构股东或公司股东手里的传统模式。

在美国和英国，机构投资者长期持有最大的 25 家公司股份中的最大部分（分别为 57.2% 和 57.7%）。相比之下，机构投资者对法国、德国和日本最大的 25 家公司持有的所有权要小很多，而银行和其他与企业有直接联系的公司持有更大的所有权比例。但这种情况正在迅速改变。

- 在法国，机构投资者持有的所有权接近 30%。
- 在德国，机构投资者持有的所有权低于 18%。
- 在日本，机构投资者持有的所有权甚至低于 14%。

注意 ☞

相比美国人的 50%，只有 10% 的德国人持有公司股份。德国人持有的股份数量能够激增，是因为如今可以获得更多的原先由少数人控股持有的德国公司股份，而且养老金法的改革也为德国工人带来了个人股票退休账户。但是，德国人比美国人更加厌恶风险，因此德国人选择债券的可能性更大。

改变欧洲股权文化——但是代价很高

因为采用欧元作为统一货币以及来自美国的外部资金流的增加，所以欧洲正感受着来自调整公司治理程序的最大压力。

在欧洲内部，有力的证据显示，作为市场力量的直接结果，公司治理和公司文化具有趋同性。几个世纪以来，欧洲一直存在着两种非常不同且相互竞争的企业文化。美国/英国模式（也称为盎格鲁-撒克逊）以流动性大市场、机构投资者不断集中股权以及市场通过收购控制公司为特征。与之形成鲜明对比的"大陆"模式则以较小的市场流动性、更集中的银行股东力量以及"继承老一辈财产"的家族和政府为特征。在法国，商业系统建立在由志同道合的经理们组成的精英团队上（其中多数人在同一所大学接受教育），他们通过在政府部门中供职数年已经磨炼出了商务技能。意大利的商业精英有着相似的结构，称为SALOTTO BUONO（商业组织俱乐部）。这些体制非常不同于在诸如美国、加拿大和英国等更自由的市场导向型经济体中运作的体制。

然而近几年，已能感觉到这两种不同的欧洲文化正在趋同。在英国，管理层和投资者已从对短期利润状况的关注转向对股东做出提高长期价值的承诺。通过以更严肃的方式来对待伦理和公司的社会责任，给予所有利益相关者而非仅给予股东更多的关注，这种转变将得以实现。在欧洲大陆国家，由于需要在世界市场上筹集外部资金以及私有化进程，长期目标和短期目标正在不断融合。

经历了几个世纪差别迥异的商业文化后，企业在公司治理实践领域正朝着标准化发展，这一事实也是公司受到全球化影响的明证。欧洲大陆第一批冒险进行尝试的大企业之一是德国戴姆勒-奔驰公司，为了在纽约证券交易所上市，该公司被要求采用美国会计标准。当其这么做时，被其他德国公司指责为背叛行为，因为美国的上市会计制度要比德国的制度更开放。在此之后的短短几年里，至少有9家德国公司，以及19家荷兰公司、16家法国公司、11家意大利公司和10家西班牙公司在纽约证券交易所上市。

但欧洲大陆的这一剧变带来了沉重的社会代价。因为过去银行和企业相互持有对方的股票，它们在满足严格的利润业绩标准时几乎没有压力。这一制度在二战后的几十年里一直有效。德国公司过去有两大优势：稳定的资金来源和耐心的股东。如今，面对更大的返还股利的短期压力，大老板们也不再那么仁慈了。2001年前六个月，一些最大公司开始扩张股权并宣布裁员：电子产品制造商西门子公司解雇了6 000名工人，电视及收音机制造商德国根德公司解雇了900名工人，蒂森克虏伯公司解雇了3 200名工人。

美国方式或捷径

许多国际商务人士认为在谈到企业标准的全球化时，人们其实是指这种标准的美国化。这在一些情况下也许是对的。公司治理就是这样一种情况，按照全球最大投资者的观点，这证明了美国在世界经济中的地位。

在美国之外，按美国标准向大众投资者披露信息的压力非常大。虽然目前这种信息披露只针对美国公司，但是公平披露规则（Regulation FD）希望形成股东和公司之间进行国际沟通的方式和方法。

公平披露规则于 2000 年 8 月被证券交易委员会采纳，同年 10 月生效，对世界范围内信息披露和公司沟通实践产生了深刻影响。通过禁止公司向特定群体披露重大非公开信息，要求公司通过报刊或 SEC 文件向公众发布相同信息，这一规则开始为所有市场参与者创造一个公平竞争的环境。

在许多复杂的欧洲投资圈中，在对美国的利益予以特别关注的同时，也对欧洲公司试图适应不同商业文化时的进步偏离给予了关注。

伦理涉及投资决策

因为机构投资者的数量在不断扩大，因此在投资是否合理的问题上，公司管理层对公司治理的态度成为一个关键因素。公开自由的财务披露以及透明度也是关键问题。

国际咨询公司普华永道所做的一项调查发现，投资决策通常基于"刚性"的量化因素，而非"软性"的公司治理方面的问题。其中一些"软性"因素正变得越来越重要，比如明确一致的会计操作、为分析提供可靠准确的信息以及同投资者进行有效可靠的交流。虽然利润增长仍然是投资决策的关键因素，但是利润质量对投资者的意义在逐步增加，并将吸引他们的投资资金。

投资者似乎更喜欢投资经营良好的公司，这些公司有着高标准的公司治理和商业伦理。普华永道的调查主要关注亚洲公司，发现如果对公司治理和商业伦理准则不满意，超过三分之一的投资者不会向这家公司投资；如果对公司账目的披露水平不满意，五分之三的投资者不会进行投资；如果对公司与监管者的关系不满意，34%的投资者不会投资；如果公司引起了负面的公众和新闻界评论，25%的投资者不会投资。

保持评级等级

承认在投资决策中公司治理的重要性，以及获得公司结构方面可靠信息的困难性，国际投资评级公司标准普尔推出了一个公司治理评级系统，就公司遵守当代国际准则以及良好的公司治理实践准则给出其建议。

评级系统会分析企业的公司治理标准，并基于两个层面来公布公司治理的分数——国家层面和公司层面。评级系统在俄罗斯发布并在亚洲推出，希望在全球基础上实现公司治理惯例的可比性。标准普尔公司称，尽管了解为什么公司治理实践在各种市场环境下不同，但是这对公司具体的治理实践和结构如何支持以公平、责任、透明度和责任感为首要原则的基本评估不会产生影响。覆盖所有上市企业的公司治理评价系统已经被中国香港和菲律宾的其他评级公司所推荐。

让会计师负责任

国际会计师、政府监管者以及全球投资者都很清楚，如果公司想要吸引外国投资者，那么就需要全球会计标准。许多欧洲公司因为采用欧元而再次面临压力，开始意识到采用诸如国际会计准则委员会（IASC）所提出的国际认可的会计框架的好处。

该委员会成立的目的是使财务会计和报告标准在全球基础上更加相互衔接。IASC 有 14 个有投票权的成员，它们由公共会计机构、国际金融分析师协会以及各种国家或国家团体的商业组织组成。多年来，IASC 已经发布了超过 30 个准则，其认可度和接受度正在以惊人的速度扩大。接受一套全球会计准则将意味着无论哪国的公司都能够在世界任何一个资本市场上市。

目前，每个国家都有自己的伦理、信息披露以及透明度方面的一套规则，公司必须满足这些规则才能够在其市场上市。除了美国，超过 50 个国家欢迎这些全球会计规则。美国认为现在所提出的全球标准还没有那些已在美国实施的标准严格。但是，一项针对八个跨国公司使用国际准则的研究发现，这些准则所发挥的作用与实施美国会计程序所得到的效果非常接近。

注意 👉

欧洲和美国的会计观点分歧不大。但在公司拥有资产期间，对资产重新估值的方法不一样。美国人在账面上保持原值（历史价值），而大多数欧洲公司定期对资产重新估值。这不足为奇，因为欧洲公司通常会在长达几个世纪而不是几十年的时间里持有一些资产。欧洲会计准则也更类似于方针而不像"固定不变的"规则。美国会计准则的严格性因安然公司的破产而受到指责，因为不变的准则往往招致规避措施。但欧洲准则的模糊性也曾导致意大利帕玛拉特和荷兰零售巨人阿霍德丑闻。

明显的需求

高品质国际会计准则的发展很重要，因为对相同交易采用不同的会计处理方法会破坏财务报表的透明度和可比较性——也就是说会抑制潜在投资。

被广泛报道的戴姆勒-克莱斯勒公司的处境就刚好是这样的例子——按美国会计准则披露，公司亏损；按德国准则披露，公司盈利。当会计专家无法就什么构成公司经营成果的"公平及真实"情况达成一致时，传递给投资大众的信息是什么呢？这时投资者根本不能确定应该相信哪个结果，也无法判断公司真实的财务健康状况。

还有一种说法是，因为国与国之间的商业传统和法律不同，因此存在不同的会计和报表处理方法也无可非议。但是，如果对同一事实和情况的会计和报表处理方法不同，那么就会让人困惑并对投资者造成伤害。国际协调就定义而言应该解决这些问题。国际会计准则会针对这些规定许多替代的会计处理方法。

注意 👉

围绕采用单一准则，部分问题是美国证券交易委员会对信息公开披露提出的要求。该准则要求彻底披露企业的核心，甚至要求公司披露它们"认为"可能会发生的问题。一些欧洲文化和几乎所有亚洲文化都不习惯这种"当众清洗"的方式。

私人部门的推动

在大多数商业领域，推动国际准则的使用通常是政府或诸如联合国等跨国政治团体的工作，而在公司治理领域，则由私人部门推动国际标准和惯例的使用。虽然公司治理的法律和法规在世界各国正朝更高标准发展，但跨国投资者（他们通常比政府代表更适应金融的发展）希望获得与国内法律相比更高的标准。

在评估国外公司时，大多数投资者意识到了当地公司治理实践对其投资的影响。但是，某种已经出现的最低标准，明显影响了世界范围内投资者的预期。全球经验法则似乎是，在公司经营中进行更详尽的披露和保持更高的透明度能够给公司带来更高的估值。研究结果明确显示，投资者愿意对那些表现出良好公司治理状况的公司支付大幅溢价。

近几年，不断增加的机构投资者——特别是在美国，英国增加不那么快——已经开始公开其公司治理原则。对持有几百家公司股票的投资者来说，将其治理理念传递给其投资的每个公司的管理层存在切实可行的方法，无视这些规则的公司董事会承担风险。

例如，英国最大的退休基金投资者爱马仕，持有英国所有最大的 900 家公司的股票，每年都向每家公司的董事长递交其公司治理原则。爱马仕强调说这并不意味着采用"一刀切"的方式，而是承认应该区别对待每家公司，因为不同公司是通过不同方式实现股东的长期价值目标的。

但是，如果有公司认为自己属于爱马仕基本规则的例外情况，那么机构要求它们最好和爱马仕进行沟通，准备好解释为什么它们应该是个例外并对此进行讨论。显然，如果一家公司表现良好，那么爱马仕将给它留出一些余地；但如果表现不佳，那么爱马仕将会对其施加压力并迫使其遵守爱马仕自己的治理规则。

■ 梦寐以求的目标

真正实现全球伦理标准、国际公司治理或会计准则或许还有很长的路要走。同平常一样，真正的危险来自细节。但全球伦理标准也显示出了获得进展的迹象。2000 年 12 月——在欧洲公司条例第一次提出建立 30 年后，欧盟部长理事会就建立欧洲公司条例的草案达成了一致。条例根据欧盟法给予在多个欧洲国家经营的公司作为单一公司建立的权利。这将允许公司在整个欧盟根据一套规则和申报制度来经营，而不是被迫根据子公司所在国的不同国内法来经营。

尽管这似乎是个好现象，但没有人真的认为欧洲议会能迅速通过这个法案。想一下：当欧盟在 20 世纪 90 年代早期建立委员会并提出让所有欧洲国家统一电插头时，这一想法受到了极大的欢迎。但经过 6 年的会议、争论和工程试验，欧洲依然有八种不同的插头和插座。还没有人愿意放弃他们目前的设计。

会计方面的文化差异不仅仅停留在格式问题上。有时这个过程的意图在本质上也是不同的。正如最近一个法国会计师向编辑谈论到的，"在美国，进行账目编制是为了便利商业。而在法国，则是为了便利收税员。"

国际公司治理的行为和伦理准则

近年来受到推荐的公司治理准则数量激增，因为主要投资者——在某些情况下由政府代表这些投资者——试图在国际资本市场上进行公平竞争。这些指导方针中的大多数提供了董事会在保护公司、股东和利益相关者方面的作用的具体细节。这包括对公司战略、风险、高管薪酬及表现，以及会计和报告制度的关注。以下的指导方针为世界范围内各种机构提出的标准提供了一个代表性看法。

□ 经济合作与发展组织原则

经济合作与发展组织（OECD）将 30 个有着共同市场经济、多元民主和尊重人权等原则的国家联合在一起。OECD 最初的 20 个成员分布在西欧和北美。随后加入的是日本、澳大利亚、新西兰以及芬兰。最近，墨西哥、捷克共和国、匈牙利、波兰、韩国以及斯洛伐克共和国也加入了。

OECD 的指导方针带有某种普遍性，无论是英美法系还是欧洲大陆法系，都与其相当一致。但是，在指导原则中加入更多强制执行机制的做法也带来了越来越大的压力。

□ OECD 行为和伦理准则

概括起来，包括以下因素。

1. 股东权利

这包括一套权利，其中包括保证股权安全的权利、信息充分披露的权利、投票权、参与决策来销售或改变公司资产、公司合并和新股发行。指导方针详细说明了许多与保护公司价值有关的其他事宜。

2. 公平对待股东

在这一点上，OECD 关注通过建立阻止内部人士（包括经理和董事）利用其职位谋私利的制度来保护小股东的权利。例如，明确禁止内幕交易，董事们应该披露与交易有关的所有资料。

3. 利益相关者在公司治理中的作用

OECD 意识到公司中除了股东还有其他利益相关者。例如，银行、债券持有人与工人在公司经营和决策方面都是重要的利益相关者。OECD 指导方针阐明了保护利益相关者权益的一般规定。

4. 信息披露和透明度

OECD 对公司关键事实的信息披露也设置了许多规定，这些关键信息包括从财务细节到公司治理结构的方方面面，也包括董事会及其薪酬。指导方针同时详细说明了年度审计应该由独立的审计机构按照高质量标准来执行。

5. 董事会职责

OECD 详细说明了董事会的主要作用、良好公司治理的基础、独立董事的义务和责任。它敦促董事会和公司管理层之间建立完全透明的关系。

国际公司治理网络

为了保证各个市场共享公司治理策略，全球机构投资者、证券交易所和治理专家们组成了协会，建立了国际公司治理网络（ICGN）。在其早期的一次会议中，ICGN 为跨境股份投票订立了世界上第一个最佳实践标准。

ICGN 根据 OECD 的原则，制定了一套自己的公司治理原则，并在德国法兰克福的年会上正式通过。但是，ICGN 认为 OECD 的原则缺乏细节："虽然 ICGN 把 OECD 原则看作良好公司治理的必要的基本原则，但是 ICGN 认为需要对 OECD 原则进行充实以赋予其充分的影响力。特别是，ICGN 认为世界范围内的公司应该获得 OECD 原则如何得到最好贯彻的明确和具体的指导方针。"因此，ICGN 关于全球公司治理原则的声明规定了所谓的公司治理标准"工具箱"。

1. 公司目标

公司最重要的目标应该是随时间流逝优化股东回报。为了实现这一目标，公司应该努力确保其业务的长期稳健性并有效管理与利益相关者的关系。

2. 沟通与报告

为了使投资者做出有关收购、所有权义务和权利、销售权利方面的明智决定，公司应该在有市场指标的特定会议上披露准确、充分和及时的信息。

3. 投票权

公司普通股应该有一股一票的特点。公司应该采取措施确保所有者的投票权。信托投资者也有投票的责任。监管者和法律应该便利投票权，及时披露投票情况。

4. 公司董事会

董事会或监事会作为实体，其中每个成员都是一个个体，他们对所有股东来说是受托者，应该对作为整体的股东们负责。应该在定期选举的基础上确定每一个成员。

为了使投资者权衡其为公司增加的价值，公司应该向董事会披露各种委派情况，并在随后每个年度报告或股东委托书中向董事会披露一致性信息、核心能力、专业人员或其他背景、影响独立性的因素、董事会成员和候选人的综合素质。

董事会应该包括数量足够的有胜任资格的独立非执行成员。其义务包括监督、有效促成管理层的业绩和战略，任聘董事会的重要委员，影响董事会整体的行为。因此，独立非执行董事应该由不少于三名成员组成并构成"实质性多数"。

审计、薪酬和提名董事委员会应该由全部或绝大多数独立非执行董事组成。

5. 公司薪酬政策

公司董事或监事会成员和核心管理人员的薪酬应该与股东利益保持一致。

公司应该在每个年度报告或股东委托书中披露董事会的薪酬政策，最好也披露每个董事会成员和高管的薪酬，以便投资者能够判断公司薪酬政策和制度是否满足该标准。

6. 战略重点

未提前获得股东批准，公司不得对核心业务进行重大战略调整。应该早些向股东们提供关于任何此类提议的充分信息，以使股东们做出明智的判断并执行投票权。

7. 经营业绩

公司治理实践应该将董事会的注意力集中在优化公司的经营业绩上。特别是，公司应该努力超越特定行业同行群体的水平。

8. 股东回报

公司治理实践也应该将董事会的注意力集中在优化股东回报上。特别是，公司应该努力超越特定行业同行群体的水平。

9. 企业公民

致力于促进公司和利益相关者之间的积极合作的董事会是最可能创造财富、就业和可持续经济的董事会。

10. 公司治理实施

有最优公司治理实践准则的公司，就应该使这些准则得到实际应用。没有这些准则的公司，投资者和其他人就应该努力制定一些。

第七章

股东行动主义：
让公司按伦理行动

咒骂黑暗不如点上蜡烛。——中国古代谚语

当涉及持有全球大型公司的股票时，过去的情况是要么喜爱要么放弃。凡是不喜欢公司管理层达成的交易，或反对在经常侵犯人权的国家投资，或只是被公司对待员工的方式激怒的所有类型的股东，他们都只有一个选择，必须遵循一些人最开始称之为"华尔街法则"的东西：对管理层不抱幻想之时就卖掉股份。

培养伦理责任和财务责任

现今，股东和公司的关系与过去非常不同。从美国到欧洲（甚至到日本）的投资者试图通过股东行动主义来使公司在道德和财务上承担更大的责任。这种股东在公司治理上的对立态度是相对最新的发展。

过去，"一走了之"通常表示大量出售一家公司的股票，这会压低股价。美德也是有价值的。依据投资的大小，实际上与同公司管理层合作来改变公司行为相比，出售公司股票的成本更高。在一些情况下，出售股票并不是一个现实的选择。大型机构投资者（例如退休基金、信托、共同基金以及储蓄保险）唯一的共同之处是：它们代表其他人管理资产。它们经常持有指数化的投资组合，这排除了出售的可能，无论某一特定股票的业绩指标或潜在的公司伦理如何，指数化投资组合都排除了出售该股票的可能，此时改变投资方向的唯一途径是进行内部调整。

公众舆论开始要求董事会为受其影响者的利益行使权力，而不是仅仅为了股东的利益和利润。现在股东在财务和道德方面有更多可挑战董事会的信息。股东行动主义的前提是，机构可以运用其投资力量通过社会变革催生社会正义。股东行动主义（或拥护）描述的是许多具有社会意识的投资者以公司所有者身份所采取的行动。这些努力包括同公司就关注的问题进行讨论、提交代理决议并投票。具有社会责任的代理决议通常的目标是，影响公司行为，使其向更负责任的企业公民水平发展，引导管理层采取提高所有公司利益相关者福利的行为，并且最重要的是改善公司的财务业绩。

大多数机构投资者认为定期接触或"偶尔加大压力"是干预的最佳方式。这可能包括参加年会、就某一问题进行投票或向新闻界发表它们的观点。发布公司治理指导方针、使公司管理层意识到这些需求已经被证明是股东权益活动家的有效武器。

对机构投资者的行动主义运动并不缺乏怀疑者。企业领袖和政治家就认为，作为公司业绩监督者的大型退休基金，缺乏专业知识和能力，也缺乏对公司长期战略的了解，对公司治理的干涉实际上会损害公司业绩或扭曲优先权。

警告 👉

股东应该提防其财政权受到有组织的利益相关者团体的胁迫，相比其代表的利益，这些团体不太关注长期财务福利。这些利益（例如童工，工人权利）从表面看是很高尚的，但是在把重大经济价值抛在脑后之前，投资者必须看到提出问题的动机。一些利益相关者团体实际上是披着"羊皮"的反资本主义团体，它们自身有需要得到解决的道德问题。

行动主义的根源

行动主义的根源在于性质发生变化的世界投资模式。随着机构投资者积累的公司股票百分比的不断增加，它们也获得了股东权力。

这一现象在美国有其根源。它在 20 世纪 80 年代早期的敌意收购期间正式形成，当时公司管理层似乎已经不再关注普通股股东，而仅仅把重点放在管理层问题上——特别是当涉及为个人牟利的时候。利益的冲突变得非常普遍且明显——已经没有办法视而不见。公司蓄意收购者（或者公司策略专家，这取决于你的观点）利用垃圾债券使许多上市公司私有化，将公司资产分割出售。通常，这样做带来的结果具有社会破坏性，使得工厂关闭、工人失业。

注意 ☞

不可否认，许多有过这种遭遇的公司因定价过高的工会合约而处在危险或负担过重的境地。激怒行动主义者的是其中所使用的方法而非其中潜在的问题。

来自机构的异议

在 20 世纪 80 年代之前，股东行动主义局限于少数有着政治利斧且对公司权力不信任的个人。引起公众注意是他们的主要目标；他们希望通过公众关注在公众和其他股东中引起愤慨，这样公众和其他股东就可以向管理层或立法者施压来要求改变公司政策。其他目标还包括努力创造一个更自觉的商界，同时使管理层生活得苦恼。

教会组织

宗教团体一直是股东行动主义运动的长期成员。它们以宗教使命感将其行动主义建立在社会正义的基础上，经常使用选择性的投资过滤方式以避免"原罪"公司；许多宗教团体不投资娱乐公司，例如赌场或那些生产军事技术、烟草或酒精产品的公司。20 世纪 80 年代早期宗教团体取得的一个明显胜利是迫使全球商品公司在发展中国家销售婴儿配方食品时采用世界卫生组织（WHO）的指导方针。

股东行动主义者：哀诉者还是胜利者？

股东行动主义不只是关于对抗和挑战。事实上，它更是一个谈判和妥协的过程。虽然世界媒体关注的主要是提出旨在改变公司行为的替代解决方式，但这种解决方式实在是最后不得已的解决办法。股东行动主义者通常是在就争议问题与管理层谈判无果时才提出替代解决方式。

股东行为通常始于试图就特定问题与管理层展开对话。替代解决方式是"大棒"，使这个被讨论的"胡萝卜"变得受人欢迎。即使在提出替代方案之后，仍可达成妥协并撤销替代方案。如果确定要进行投票表决，则几乎都能通过股东提出的解决方式。虽然从表面看是股东行动主义者的胜利，但是它已经起到了唤起公共利益的作用，有时，这也会公开让公司管理层难堪并损害公司声誉——后者最终可能会损害长期利润，因此这些行动主义者也会做出让步。实际上，股东解决方案中提出的问题一旦摆上桌面，就很少会自己消失。结果是，由于管理层担心这样的行动是进行更深层面干涉的"楔子的锐利边锋"，因此会倾向于抵制即便是非常简单的修改。

全世界的投资者联合起来

关于干预问题，许多机构投资者在本国与国际上采取不同的方式。在它们本国，它们可能倾向于持有大量公司股票，同公司管理层保持亲密关系，以便允许它们进行更多的直接干预。当在国外投资时，它们可能会持有少量公司股票，并且由于对当地市场的了解很肤浅，被迫采取更间接的干预方式。

一个惊人的发展是世界范围内机构投资者之间的交流程度。国外的机构投资者能够给当地投资者提供支持，了解学习其特定市场的关键问题。如果有可能，它们也尝试同本地投资者建立联盟，以分享知识和技术，例如有类似关注的全球投资者创造出一个交往空间。

这一趋势在 20 世纪 90 年代中期变得愈发明显，当时 TIAA-CREF 是一家退休基金和全球最大的私人养老金计划，管理的资金超过 2 600 亿美元，并将其公司治理方案推广到了欧洲。

虽然大多数方案包括私人会晤，但是其中一个欧洲公司治理方案得到了广泛宣传，这个方案涉及一家叫做埃赫曼的法国公司。

法国政府是除了 CREF 外这家公司的大股东，它打算责令公司的一家镍矿停产以解决外部争议。TIAA-CREF 提出反对的原因是该矿归股东共有，认为在停产之前，政府应该首先从埃赫曼买下这家镍矿。TIAA-CREF 提出的解决方式赢得了法国兴业银行（法国一家主要银行，在 2008 年面临自己的道德问题）以及其他投资者的热情支持。这一解决方案不仅导致了埃赫曼管理层的变动，而且在欧洲商业领袖中提出了公司治理问题。

全球资本流动时，投资者也流动

随着投资者行动主义的传播，越来越多的欧洲人购买股票，欧洲公司必须尊重小投资者的权利。一个例子是：巴黎法院阻止施耐德电气提出的以71亿美元收购其电气设备竞争对手——罗格朗公司，支持了罗格朗公司小股东的诉讼，这些小股东认为交易条款歧视他们这个持股阶层。

给法国公司的启示也是很清楚的：它们不能再蔑视其投资者，特别是小股东。当然，在考虑合并时，它们必须公平权衡所有股东的利益。这是整个欧洲大陆的公司必须越来越关注的问题。

股东行动主义甚至已经波及日本——一个在商业领域很少质疑权威和进行公开抗议的国家。MAC日本积极股东基金作为该国第一个共同基金推出，致力于通过股东行动主义获得更好的公司治理。

注意 👉

日本有着另一个"股东"行动主义传统，即黑社会成员（yakuza）购买公司股票，然后威胁扰乱公司会议。他们通过敲诈管理层来停止扰乱行为。许多全球公司发现黑社会和股东行动主义者这种自主行事的方式没什么差别（如果不考虑其动机的话）。伴随反全球化集会而出现的暴力事件通常无助于使人们质疑这种比较。

披露主管薪酬

在公司政策的一个领域中，股东行动主义可以自称获得了全球成功，这就是高级主管薪酬的公开披露。股东们的忐忑不安是有理由的。例如，美国CEO的薪酬在20世纪90年代增长了212%，而工厂工人的收入只增长了54%。相比之下，日本CEO的平均薪酬是普通工人的17倍，而大型美国公司CEO的薪酬是普通工人的85倍。在谈及主管人员薪酬问题时，欧洲跟美国的水平很接近，有代表性的欧洲CEO薪酬目前大概为美国CEO平均水平的75%。

由于股东的抗议和要求，世界范围内许多国家的政府已经要求强制披露管理层的薪酬水平、奖金和退休金。在20世纪90年代早期，没有一家法国、德国或日本公司愿意披露高管的薪酬细节。然后情况开始发生改变。在英国，政府更倾向于要求公司向股东提交年度方案以便批准董事会薪酬委员会的报告。在法国，政府草拟了对法规的修订，要求披露一家公司支付给两位薪酬最高的高级职员的薪酬细节。在德国，社会党（大力提倡充分披露个人薪酬，而在20世纪90年代的大多数时间都持相反意见）正在考虑通过立法要求披露此类数据。在日本，一家公司宣布已成立局外人顾问团以提供关于高管薪酬的建议；另一家小公司——People Co——成为日本第一家披露每个董事和高管薪酬细节的上市公司。

注意☞

在过高的福利遭到披露后，美国通用电气公司被迫重新审核并降低具有传奇色彩的前CEO杰克·韦尔奇的退休金。其他CEO立即与公司重新协商或确保他们自己的大笔解雇费。

新趋势：强制的伦理

在美国，股东行动主义已经朝新领域前进：行动主义者正在对美国政府施压，要求其限制外国人购买美国股票和进入债券市场。如果成功的话，这一行动将对全球企业产生重大影响，特别是那些在许多国家都经营业务的公司，这些公司在社会责任上的表现被认为难称典范。

股东行动主义者的目标是，在华尔街筹集资金的与流氓国家有可疑关系的外国公司的日益增长的商业操作。虽然美国已经禁止同一些国家进行贸易以及开展其他金融交易，但美国的资本市场对满足其投资标准的任何外国公司来说都是可以进入的。现在，这一情况可能彻底改变，公司的伦理操守同其潜在收益其实一样重要。

在美国证券交易委员会注册的外国公司数量自20世纪90年代以来增加了2倍，超过了1 200家。

但当中国石油天然气集团公司（CNPC）的一家子公司试图在纽约证券交易所出售股票时，问题开始涌现。

CNPC在非洲国家苏丹拥有一个大型石油工程，苏丹政权被指控发动了一场造成数百万人丧生的宗教战争。美国已经禁止同苏丹进行贸易、提供贷款或援助，因为苏丹政府支持恐怖活动并有糟糕的人权纪录。

但是反投资运动在苏丹之外进展顺利。美国国会已经采取立法，审查那些总部在外国但想要在美国出售股票的公司的可疑活动或所有权关系。美国政府顶住了来自人权组织的压力，提出其担心限制资金进入美国市场将引起世界对美国自由市场和资本开放流动承诺的质疑。

但是所有的努力已经触发了关于全球经济中金融市场正确作用的争论以及社会能否无视货币无限制流动所带来的社会或政治后果的讨论。美国官员和金融家认为干预资本市场会造成事与愿违的后果。企业可以把它们的业务带到从伦敦、东京到中国香港的任何其他证券交易所。国外政府也可以通过禁止美国公司进入其市场来进行报复。虔诚似乎是有代价的。

第七章

股东行动主义：让公司按伦理行动

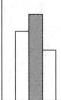

第八章 社会责任投资：伦理重要性的新趋势

国际商务伦理（第三版）

在我们可以诚实地告诉儿孙做人以诚信为本之前，我们必须使世界诚实。——乔治·伯纳德·肖

对于全球很多个人投资者而言，了解公司是否盈利已经远远不够，更要紧的是这家公司是如何赚钱的。社会责任投资（SRI），在30年前还不为人所知，而如今已经成为全球资本市场的重要组成部分。据非营利性的社会投资论坛称，超过2万亿美元，或者说每8美元中就有1美元得到专业化的管理并根据社会准则应用于投资。社会基金网站报道称，目前有大约200家共同基金利用社会筛选方式进行投资选择。

■ 作为重要经济手段的股东行动主义

在进行投资研究和选择时，社会责任投资的支持者往往使用社会或者道德标准。社会责任投资不仅要考虑投资者的经济需要，而且要考虑投资对投资者伦理基础的影响。社会责任投资包含三个主要策略，这三个策略共同促进具有社会责任、伦理责任和环境责任的商业惯例，进而对提高整个社会的生活质量做出贡献。这三个策略分别是：审查在道德或伦理上有陋规的公司；参与股东行动主义以劝说企业改变某些行为；以及进行社区投资，包括对弱势群体进行直接投资。

筛选是在社会、伦理和环境标准的基础上，在投资组合或共同基金中加入或者去除上市公司的做法。一般来说，社会投资者试图拥有对社会做出积极贡献的盈利公司。购买清单包括世界各地那些具有良好的雇佣关系、优秀的环境实践、安全实用的产品以及尊重人权的公司。在相反情况下，社会投资者则避免投资于产品质量低劣、商业惯例不良的公司。

警告 ☞

上面列出的诸如"积极的"、"优秀的"、"良好的"等用语是相对于不同的文化和经济体而言的，然而很多亚洲和非洲社会认为"人权"这一术语是西方国家的发明。对于世界绝大多数穷人来说，责任投资可能是富人永远不会参与的游戏。

社区投资向那些很难从传统渠道获得资本的人或者向不能从传统借贷机构获得服务的人提供资本。当然，社区投资在世界不同地区有不同的含义。世界上最著名的社区投资项目——小额信贷，20年前诞生于孟加拉国的乡村银行（2006年诺贝尔和平奖获得者）。该项目的目标群体是没有土地和资产的借款人（优先选择女性，女性占所有借款者的比重为90%）。通常借款数额很小（介于25～75美元之间），不需要抵押，可在50周内按周分期偿还。借款人有充分的自由选择贷款项目，大多数项目是准备期较短的农业活动和日常销售活动，诸如家禽饲养、小额贸易、经营商店、畜牧和小手工艺等。

如果你不想投资于投票市场的话，澳大利亚本迪戈银行会提供它们率先想出的"伦理投资银行账户"服务。该账户唯一的选择是：通过选择放弃全部或部分存款利息，加大对牛津饥荒救济委员会海外援助工作的支持。这些收益将由本迪戈银行支付给伦理投资信托，然后该信托把基金交给牛津饥荒救济委员会的海外援助项目。

社会责任投资简史

伦理投资的起源可以追溯到1 000年前。早期犹太教、基督教及伊斯兰教法律就制定出了关于如何合乎伦理地进行投资的规章，同时印度教和佛教的教义广泛涉及财富及其使用的问题。更具体地说，社会责任投资是在反对美国卷入越南战争的过程中产生的。由于为美军提供武器，很多化工企业和武器公司成为当时一些政治运动的攻击目标。同时，在那十年间，诸如公民权利运动、妇女权益运动以及环境保护运动等一系列的社会及环境运动，引起了媒体关注，并提出了全球企业的社会责任问题。这些关注随后又扩展到管理和劳动问题以及反核情绪问题中。

当社会投资理念聚焦于废除南非种族隔离制度（一个正式而完备的种族隔离体系）时，它吸引了更多媒体关注。得到学术机构和国际政府机构支持的南非脱离种族隔离运动，最终迫使大多数跨国公司撤出南非。不久之后，一定程度上迫于经济压力，种族隔离制度被废除，民主的春风吹入南非。社会责任投资在那之前被大企业认为不过是"感觉良好的投资"，最终却成长为全球主要的投资现象。

下一步可想而知。投资者开始自问：他们是否也可以采取相同的策略，迫使那些造成环境污染和滋生虐待性工作规定的企业以及支持政治压迫体制的公司进行改革，甚至是撤出投资？

全球经济增长和社会责任投资的作用

目前至少有三大股票指数跟踪全球股票业绩，这些股票满足社会责任投资者的具体要求。其中最早且最著名的是多米尼 400 社会指数——一个市值加权普通股指数。该指数监控着由多重和广泛的社会筛选方式挑出的 400 家美国企业的业绩。该指数包括标准普尔 500 指数中大约 250 家公司，另外大约 100 家大型公司不在标准普尔 500 指数之列，但具有行业代表性，此外还有大约 50 家具有强烈社会特征的企业。

其次，道琼斯可持续性指数作为一组指数（道琼斯可持续发展指数——DJSG）在 1999 年推出。该指数跟踪道琼斯全球指数 2 000 家公司中前 10% 的可持续性驱动型企业的业绩。企业可持续发展是通过把握机遇、管理风险（由经济、环境保护以及社会发展带来的风险）来创造长期股东价值的经营方针。

在 64 个行业组中，根据投资领域内企业可持续发展绩效得分，挑选出每组中前 10% 的公司。这一可投资股票领域包括道琼斯全球指数中最大的 2 000 家资本雄厚的公司，酒精、赌博及烟草公司被排除在外，50% 以上的销售额来源于武器及装备销售的企业也被排除在 DJSG 之外（如果一个公司的武器及装备销售额占公司销售额的 5%～50%，那么该公司在这个指数中所占的权重也会被降低）。

最后，ARESE（一家总部位于巴黎，研究企业社会责任、环保和可持续发展业绩的投资公司）近期宣布将引入 ASPI 欧元区，将跟踪欧元区内可持续发展性处于领先地位的企业的财务业绩。欧元区包括已经采用欧元的欧盟成员国。

日本如法炮制

　　从日本基金管理行业中不断发展起来的有利可图的部门就是所谓的生态基金（eco-fund）市场。到目前为止，五大基金已经吸引了近 1 900 亿日元（约合17.5 亿美元），而且其增长速率超过了美国和欧洲的社会责任投资基金。但是，日本的生态基金并非真正意义上的社会责任投资基金，资产管理公司并没有严格根据社会和环境标准选择公司进行投资。

　　生态基金对公司的选择建立在两种标准结合的基础上。首先，在初期只有600 家日本公司的投资领域中，以 Nikko 生态基金为例，通过与 Good Bankers公司合作，采用了旨在评估那些展示出最佳长期发展前景的公司的金融筛选标准。其次，也采用生态筛选标准，包括对两方面进行评估：其一，根据公司在环境方面做出积极贡献的程度对其评级；其二，评估公司参与环保活动的程度，以及所发挥的作用。在筛选过程结束时，Nikko 生态基金从 150 家投资候选公司中选择了其中不到 100 家公司。

　　到目前为止，在日本没有一家生态基金声明会基于伦理而避开某些部门或公司（例如：烟草、核能以及虐待劳工）。但是，随着生态基金市场竞争的加剧以及差异化变得越来越困难，未来在日本将可能出现不同主题的伦理基金。

承担社会责任会让你破费吗？

　　这个问题迄今还没有明确的答案。一家名为晨星公司的基金评级服务机构研究分析了美国 47 家声称拥有至少三年社会责任记录的共同基金。其中的 19家，也就是 40％，得到了四星或五星的评级。而在所有的基金中，只有 32.5％进入最高的两个级别。一份为期五年截止到 1995 年的研究报告显示，美国国内的社会责任投资基金收益达到了 12.32％，超过美国基金平均 11.34％的水平。同时，多米尼 400 社会指数偶尔也会好于标准普尔指数。

　　但是结果看上去并没有那么显著。多米尼基金业绩的不同，并不表明社会责任投资基金的内在优势，而是反映了内含在指数所用社会筛选过程中的不同行业"打赌"的结果。如果已经对多米尼指数重新加权计算，以便与标准普尔500 指数的宏观经济风险和行业风险相匹配，那么计算结果将是相同的。

当然，以上统计不包括放弃对利润丰厚但可疑企业进行投资所造成的机会成本。采取社会责任投资策略的人以美德的名义，对这种成本视而不见——就好像其他投资者在他们没有投资的股票表现优异时所做的一样。

社会责任投资与上帝：基于宗教价值观的投资方式

目前，社会责任投资几乎与世界上各种价值观都息息相关。如为基督科学教派设立的基金（不投资于制药业），为正统穆斯林设立的基金（不投资于银行业，因为伊斯兰信条禁止索取利息），为保守基督教设立的基金（避免投资于涉及色情行业或堕胎的公司），以及其他一些基金筛选出有明显"原罪"的公司，诸如传统烟草、酒精、武器、赌博等行业，以及没能达到环保、劳动和多样性标准的企业。

伊斯兰投资

伊斯兰投资是基于伊斯兰伦理以及名为沙里亚法的法律的复杂业务。例如，这些伦理禁止将资金投向涉及酒精或赌博的公司。同样，通过利息支付（高利贷）盈利的公司诸如银行和保险集团也被排除在外。这意味着根据沙里亚法，华尔街道琼斯工业平均指数中每 30 只股票中就有 16 只被排除在外。

即便如此，伊斯兰投资也许是世界上基于信仰投资发展最快的领域。世界范围内伊斯兰共同基金的总价值超过了 5 000 亿美元，并以每年 10%～15% 的速度增长。其中接近半数在过去十年中发行。道琼斯专门发行了伊斯兰市场指数以追踪与沙里亚法相容的公司，而德国第四大贷款机构——德国商业银行，已经发行了 Alsukoor 欧洲股票基金，以中东穆斯林以及居住在欧洲的穆斯林为目标群体。仅仅前三个星期，Alsukoor 就筹集了 5 000 万美元。

也许并非巧合，对有其他信仰的投资者来说，尤其是对保守的基督徒来说，伊斯兰投资产品也是合适的替代品。伊斯兰基金同样也避开了所谓的"原罪"股票：诸如酒精、烟草及色情业。它们也避免投资于很多传统金融公司，因为伊斯兰教法律禁止对债务收取利息，并且扩展到禁止从充当贷款人或借款人的公司获利。

当发现它们的参与者与恐怖组织有联系时，一些伊斯兰基金就会面临伦理困境。在伦理行为上的善意尝试往往引起一个新的意料之外的伦理问题。

伊斯兰基金避免投资于资产负债率高于33％以及应收账款占资产的比例高于45％的公司。另外，作为伊斯兰基金的投资候选公司，公司的组合利息收入以及被伊斯兰教法律称为"不可接受的收入"——来自原罪经营的收入——之和不能超过总收入的5％。这样的限制必然会把很多知名公司排除在外；例如负债过高的苹果电脑公司和国际商用机器公司（IBM）。但仍然有大约650家总价值接近十万亿美元的跨国公司可供选择。小"罪过"可以容忍，但太大就不行。

由于禁止从债务中获取利息，因此伊斯兰市场也开始为传统的债券投资寻找替代品。一家美国管理公司与租赁公司共同合作发行由经营租赁业务支持的证券，该租赁业务不用支付利息，只需支付一部分的租赁收入，因此穆斯林可以购买该产品。这些公司同时也努力开发一种美国版的伊斯兰保险业务（TAKAFUL），它类似于一种互助协会业务，被作为穆斯林传统保险的替代品。

伊斯兰对"高利贷"的很多限制依靠的是非常灵活的语义。无法通过业务经营产生收入而获得利润的住房和汽车贷款，经过精心安排，就可使想要成为住房或汽车所有者的人通过一定时间的不属于银行贷款的"购买"银行之举获得住房和汽车。毫不奇怪，这种购买涉及与利息有着惊人相似的额外花费。伦理也可以具有灵活性。

伊斯兰共同基金如何运作

价值2 400万美元的Amana共同基金信托发展基金遵循伊斯兰信条。它的收益按增长归类排在大盘股的前5％。该基金不能投资于酒精、色情、赌博以及银行等业务，并且也不能投资于债券及其他有固定收益的证券。该基金也禁止投资于涉及猪肉或生产与猪肉相关的产品的公司。所有股票的选择都被提交到伊斯兰专家委员会进行审核。

穆斯林的信仰支持穆斯林进行长期投资，但伊斯兰伦理要求穆斯林投资者缴纳"天课"（ZAKAT）——捐款或慈善工作——它是穆斯林每年施舍穷人的方式。"天课"的目的很高尚——在穆斯林教徒中培养奉献品质，摒弃自私和贪婪，但它也可能给穆斯林投资组合带来巨大破坏，尤其是在其投资组合收益连年无法实现的时候。伊斯兰法学家认为分发"天课"宜早不宜迟，允许考虑投资组合市场价值在每个公历年度从开始到结束的差异——并支付收益的 10.3%（按照阴历的话支付 10%）作为天课，如果有的话。在伊斯兰投资网站上有很多"天课"计算器。投资者实际缴纳"天课"的数量仍然由个人决定，大多数伊斯兰基金允许投资者直接将份额汇入慈善组织的账户。

基于价值观的投资：打倒文化污染者

一些人有着强烈的宗教信仰或社会信仰，希望投资于按其个人价值观经营的公司，那么对这些人而言，基于价值观的投资就是一个策略。例如，色情行业令你反感，那么当你得知你的投资组合中的一家公司在通过其子公司的业务传播色情产品时，你是否会恼怒？假使你拥有一家看似无害的公司的股票，但实际上这家公司是地地道道的色情产品公司，又会怎样呢？

将基于价值观的投资过滤器应用于投资策略中，投资者可以确信他们的投资组合和他们的良心一样纯净。

"Investigator"是其中一个著名的"过滤器"。它最初是作为投资专家的筛选工具，当时美国价值投资研究所（Institute for American Values Investing）——一家独立研究公司——发现投资者没有机会根据他们的价值观来审核其投资。研究所阐明了对投资者来说最重要的"负面"问题，包括色情行业、堕胎、反家庭的娱乐活动以及对非婚姻生活方式的积极宣传。

第九章

个人伦理之争

邪恶制胜的原因是善良的人袖手旁观。——埃德蒙·伯克

公司由人组成，当然最终也由个人基于伦理和利润之间的平衡提出制定决策的方法论。尽管商务伦理准则已经兴起，但通过欺骗赢得生意或提高利润的冲动依旧很普遍。社会每一天都要为其成员在道德和非道德之间的选择付出沉重代价。

个人与个人情况

艰难的选择并不总涉及职业行为准则或刑法，也不总涉及头条新闻之类的问题。它通常处于法律法规无法涉及的领域。道德决策极其复杂。虽然人们都想做正确之事，但是却受到诸多因素的影响：文化、业内规则、法规、恐惧、政策以及之前所发生的事情。

在机构内部，伦理被理解成用来指导人们行为的正式和非正式的行为标准。在某种程度上，这些标准建立在由诸如诚实、尊重和信任等构成的核心价值观上。实际上，伦理行为标准也可通过直接向他人的行为学习得来。例如，我们在工作场所看到的同事和经理的行为可能会影响到我们对于什么行为可接受和

什么行为不可接受的看法。

道德决策需要的不仅仅是对伦理重要性的认同，同样也要求对决策的伦理内涵具有认知敏感性，有能力判断复杂、模糊和不完整的事实，以及拥有在不过度危及职业生涯的情况下执行道德决策的技能。

伦理选择，文化困境

一位英国工程师回忆起她在有关国际商务动态竞争领域的最初经历以及商界中利他主义个人所面临的经典问题：你必须自己把握并有所不同。

当时她加入了一家大型公司的业务开发团队，随后立即被派去协助开发和实施东非的一系列项目。几个月后，作为团队的一分子，她向其中一个项目国的财政部和卫生部介绍了公司的发展计划。

"我以为我们是奇迹的创造者。我们有许多具有成本效益的计划，并且这些计划在3～4年内会对很多人的健康和安全产生积极的影响。我对自己很满意。在这里我可以做自己喜欢的工作，并为此接受培训，而且我们也打算为这里的人做些有益的事情。"她说。

但这种"感觉良好"的状态并没有持续太久。虽然对发展计划的介绍进展顺利，但几天后一些基层公务员建议说，开展这些项目需要向有关负责人做些"贡献"。

"我从未想过这个，"这位工程师说，"公司里也没人提过可能会发生这种事情——这就是在特定文化中做生意的一部分。我只是不知道该做什么，该向谁求助。"

"然后一位政府代表说，我的公司通常为了加速决策总会付些钱，我不应该为此担心。但是我担心行贿是在拿自己的工作冒险，或者如果交易失败，我也可能会被解雇。没人让我为此做好准备，所以我很生气。"

这位年轻的英国工程师面临的困境是经理们在国际商务中面对的个人伦理斗争的典型困境。贿赂或回扣的可能性只是其中的挑战之一。所谓合适的、负责任的行为规则通常会面临不同的解释。事实上，对于什么构成合乎伦理的公司行为，并没有被广泛接受的理解，这种缺失会将个人置于困境。学习在这种情况下如何做出决定——为了做出道德决策，一个人应该考虑哪些因素，应该采用什么方法——非常重要，却是经常被忽视的国际商务技巧。

由于文化差异，当地法律和社会规范可能偏离了你所认为的合乎伦理的标准。为了确保伦理标准的合理性和有章可循，以及进一步的具体实施，十分有必要对它们不断进行检验。

有多糟呢？

研究结果描述了一幅公司伦理和惯例之间的悲惨画面，即员工看到很多白领在职场的犯罪行为和不道德行为。快速调查指出了问题的严重性，这可以直接追溯到职场员工和管理层糟糕的个人伦理。

人力资源管理者协会和伦理资源中心进行的一项商业伦理调查发现，在一年时间里，747 位被调查的人力资源专家中有超过一半（54％）的人亲眼目睹了违反法律或违反商业伦理行为组织标准的职场行为。员工偷盗的数量可以反映职场个人伦理糟糕的状况，毫无疑问，这会影响到最终交易并扰乱从警卫到CEO的所有工作分类。

观察到的不当行为种类

- 向主管撒谎——45％
- 吸毒或酗酒——36％
- 在报告中撒谎或伪造记录——36％
- 利益冲突——34％
- 偷窃或盗窃——27％
- 员工违反机构政策接受礼物/娱乐——26％
- 私自挪用机构资产——24％
- 更改产品或服务的测试结果——16％
- 泄露内部信息——14％
- 员工参与欺诈——12％
- 员工违反机构政策送礼——10％
- 员工接受回扣——10％
- 非法获得竞争者的专有信息——7％
- 违反环境法律或法规——7％
- 违反反垄断法——3％
- 员工受贿——2％
- 职场犯罪——2％

员工为什么要偷窃：这是一个物质世界

社会科学家称，在当今大多数文化中，个人有无法控制的获得物质财富的心理倾向。并且，可以把迫使人们偷窃的力量解释为满足个人需求的进化压力，如果不加制止，这种力量就会控制这个人的意志。

同样地，员工偷窃被归因于适者生存的人类学理念。支持者认为，当代适者之间的争斗与很多年前达尔文所描述的适者之间的争斗没有什么区别。但是现如今，适者不再由身体优势决定，而是由物质财富决定。因此，积累物质财富是成功的标志。员工偷窃的另一个论据是员工把偷窃看作是一种缩小社会不平等差距的额外补偿方式。

▎反驳这一问题

我们认为采用正式的伦理方案是一种有效对策。通常，无论处于哪种文化背景，员工偷窃问题都以一种被动的或反应性的方式得以处理。公司必须：
- 不再雇用罪犯或可能的小偷。
- 竭力侦破犯罪行为。
- 一旦发现员工偷窃，立刻采取行动。

这里推荐一些积极主动的措施，它们有助于重建公司文化以便改善伦理，为员工的伦理决策提供更好的基础，并最终减少不道德行为和偷窃，其中包括：
- 自上而下营造伦理环境，关注公平和伦理，其中包括雇主承诺的一系列价值观。
- 通过使机构中的每个人参与其中的方式来制定公司宗旨。
- 实施个人伦理培训计划。
- 实行员工评价系统。

在工作领域中，改善机构中的伦理决策能够减少欺诈、偷窃等事件的发生，并降低与不道德行为相联系的成本。更重要的是，建立在品德和可靠伦理原则基础上的机构将会更快赢得顾客的忠诚和信赖。即使伦理不能再吸引新顾客或提高销量，利润也会因为偷窃和欺诈的减少而增加。

▎个人情况决策：个人文化

大多数人都很确信自己能够基于宗教信仰、文化根源、家庭背景、个人经历、法律、机构价值观、职业规范以及习惯来判断对错。这些或许不是依此做出道德决策的最好的价值观，这并不是因为它们不重要，而是因为它们未被普遍接受。所有成年人在道德上都是独立自主的个体，有能力选择自己的价值观；

但不一定所有的选择和价值体系都能有资格被称为合乎伦理。

每个人都有自己的"可操作价值系统"，能够在决定行动过程时，反映出互相冲突的价值观的排序。个人价值体系包含了所有价值观——指导和鼓励行为的核心信念和态度——因此，它也包括个人有关是非的判断，有时称为"个人道德价值观"。每个人都有包括是非观念的个人价值观，这个事实并不意味着伦理是单纯的个人问题。

对情境主义者来说，没有什么总是对的或总是错的，撒谎有时可以接受，甚至谎言是比较好的选择。毫无疑问，情境伦理的概念也存在于企业界。有责任感的人需要考虑很多事情。商界的日常实际问题都与道德哲学相联系，但伦理不能局限于哲学。

□ 在多种可能性中选择

伦理决策指的是，以符合伦理原则的方式对多种可能性进行评价并从中做出选择。商界中的艰难选择并不总是涉及对与错，通常涉及的是对与对的问题。确切地说，它们是真正进退两难的局面，因为这些选择在伦理上都是正确的——一个都没有错。

业务经理最常面对的"对与对"难题有：

真理与忠诚。

个人与社区。

短期与长期。

公正与仁慈。

□ 那么我们应该做什么？

大多数大型公司都有行为准则或正式的政策声明，以协助其员工和经理应对这些国际挑战。但如果通过这些途径无法解决问题，管理层通常会给予最佳引导。另外，也可以联系法律部或人力资源部，这取决于手边问题的复杂程度以及可用时间的长短。大型公司也会设立道德办公室或配备监察专员作为备用的支持渠道。

如果你处于不能轻易向他人征求意见的状况中，那么为了及时获得建议，你可以进行简单的"标题测试"。如果这个问题成为明天报纸的头条，那么看起来会怎么样（例如，"（公司名称）员工为确保投资许可向财政部长行贿"）？如果你怀疑可能会产生负面新闻影响，那么，这十之八九不是好办法。

□ 其他个人测试和帮助

面临工作中的道德困境时应该考虑什么或者应该问自己什么问题，员工们很少得到公司在此方面提供的手册和提示。

下面是一个"伦理快速测试"：

1. 行为合法吗？
2. 行为符合我们的价值观吗？
3. 如果这么做，你会感到难过吗？
4. 一经报道会怎样？
5. 如果我知道这是不对的，那么就不要做。
6. 如果我不确定，那就问问。
7. 在得到答案前，不断询问。

做出道德决策：都涉及什么？

虽然没有什么神秘的方法能够确保每个人在经营中做出合乎伦理的决策，但还是有一些给每个人指出正确方向的基本和普遍接受的准则。无论采用什么方法，每个人都必须准备好扪心自问，抓住时机思忖自己行为的得与失。一些基本的准则如下：

□ 大框架

决策应该考虑到那些受决策影响之人的利益和幸福。显然，做不到这点就会使决策有失偏颇或不公平，并且只能使部分人受益。

不要让合乎伦理的价值观屈从于非道德或不道德的价值观。虽然这似乎是显而易见的事情，但是潜藏于此的危险是每个人都可能会试图合理化某种情境，这种情境涉及相互矛盾的道德原则而不是道德和不道德的动机问题。例如，考虑一个打算通过贿赂达成交易的人。这个人（错误地）认为这就是在诚实—不贿赂以及责任—维持生计之间做出选择。通常，也有其他合乎伦理的方式——但它们的作用可能没那么明显，而且达到高尚目标的成本也会更高。在很多情况下，为达到有价值的目标而采取合乎伦理的手段只要多花一丁点儿工夫，作一丁点儿牺牲。

□ 个人预警信号

如果发现自己在职场中使用了下列这些老生常谈的借口之一，那么停下来检讨一下自己的行为吧。因为这些借口可以成为早期预警信号*，提示你意图之事并不道德：

- "嗯，也许就这一次。"
- "没人会知道的。"
- "怎么完成的没关系，只要搞定就行。"
- "听上去好得令人难以置信。"
- "每个人都这么做。"
- "我们可以把它藏起来。"
- "没人会受到伤害。"
- "我能从中得到什么？"
- "这么做会损害竞争。"
- "我们没这么说过。"

注意 ☞

英国和美国的大学已经在探索理解国际舞台上商业伦理重要性的途径，以及违反伦理后可能的个人惩罚的方法。加利福尼亚州的佩伯代因大学和苏格兰的圣安德鲁斯大学在其研究生商业计划中定期选出最优秀的学生去参观监狱——收容了先前利用职务便利犯罪的商人的地方。20世纪80年代佩伯代因大学为管理硕士制定了"商业伦理"项目，其目的就是让学生亲自面对道德问题，并向其展示缺乏伦理或道德基础的企业主管的前途如何。想要毕业就必须去参观监狱。

伦理有实用性吗？

虽然人权、腐败、劳动实践和环境等问题可以成为头条新闻，但是国际经理人所面临的挑战往往与协调不同文化中"正确"商业行为的不同预期有关。考虑下面例子中所涉及的道德困境：

---

* 原文为 earning signs，根据上下文，此处应为 warning signs。——译者注

1. 送礼　虽然在一些文化中习惯交换贵重礼物，但是许多跨国公司的总部（更不用说政府伦理监督部门）仍会把交换贵重礼物解释为试图换取影响力。

2. 利益冲突　在亚洲、中东和非洲的许多国家，雇用亲戚以及与本家族的企业进行业务往来的现象司空见惯。然而，大多数西方国家的公司为避免偏私及鼓励做出客观决策，对利益冲突和裙带关系有相应的政策和限制。

3. 合同与握手　很多文化都有基于信任和友谊建立商业关系的历史，这时握手意味着不需要书面合同就达成了协议。

很多公司正在使其商业行为标准全球化，以对文化差异显示出更高的敏感性。同时，许多国家也在重新评价先前这些做法。例如在日本公司中，尼桑和日立已经实施了禁止送礼的政策。印度尼西亚正在打击任人唯亲和裙带关系，并已经对商业行为给予了密切关注。此类渐进性的变化——无论对国内公司还是对跨国公司——就商业而言，对什么是可接受的和适当的行为的看法正在逐渐趋同。例如：马来西亚反腐机构针对贿赂有非常严格的法律，但允许送礼行为，而过于阔绰的礼物会被认为是行贿，会使你与当局惹上麻烦。

警告 ☞

伦理带来的更多的是灰色地带而不是黑或白。

实践伦理学：送礼和拒绝的艺术

送礼是人类已知的最古老的社会传统之一。在高语境和关系驱动型文化中（与之相对的是低语境、任务驱动型文化），商业建立在个人关系之上，而礼物就是这些关系不可分割的一部分。

礼物不应该取代良好的商业惯例和礼仪基础。无论哪种文化，礼物是明智的商业建议的补充而非替代。当然，送礼不应表现为行贿，即使是在类似做法司空见惯的国家。礼物仅仅用来表示感激或尊敬，而贿赂在世界上的一些地方是经商成本的一部分。

注意 ☞

就像教育一样，贿赂只是个度的问题！关于哪种文化影响最大同样取决于买卖双方是谁。

在哪儿送礼很重要？ ——在哪儿又无关紧要？

- 对商业非常重要：日本。
- 对商业重要，但不是很关键：亚洲/环太平洋地区，中东，非洲。
- 有点重要，更多是出于礼貌：拉丁美洲，东欧/俄罗斯。
- 在商业中不重要或无所谓：美国，加拿大，澳大利亚，大多数西欧国家。

□ 拒绝礼物

实际上，在国际商界中拒绝礼物是相当罕见的情况。然而，伴随着朝向全球共同伦理标准的运动趋势，拒绝礼物的情况很可能变得更普遍。（区别出于感激或尊敬的适当礼物与伪装成礼物的贿赂很重要。）在美国文化中，拒绝礼物是完全可以接受的，在某些情况下甚至必须拒绝。相比其他的全球高管，美国高管更可能把礼物退还给送礼者，因为太过奢侈的礼物以及有性含义的礼物可能会被误解为贿赂。

在美国，公司政策规定，员工无论级别高低都不可接受任何礼物。出于对世界各国同事的礼貌，大多数公司和公司高管会预先声明以免使送礼者感到尴尬。如果你对公司关于礼物的政策有任何疑问，一定要询问与你打交道的公司代表。同样地，为这种公司工作的高管应该尽早将公司礼物政策告知外国同事。提前或者在他人奉礼之时礼貌地让他知道你很感激他的好意，但是公司政策禁止接受礼物。这是良好的习惯，不应该对此产生反感。

当美国和欧洲公司开始在日本开展业务时，许多西方商人认为送礼的行为根本就是错的，而非简单的不同。对他们来说，接受礼物的感觉就像接受贿赂一样。然而，随着西方公司越来越熟悉日本的传统，大多数人已经默许了这一惯例，相比其他地区，对在日本送礼设立了不同的底线。

伦理自我评估测试

下面是关于个人伦理自评测试的范例：
世界银行伦理学知识评估测试
1. 私人部门主要应该关注利润最大化而非其他目标吗？
2. 私人部门应该关注其对公民社会的影响吗？

3. 机构伦理准则与公司宗旨一样吗？

4. 良好的商业伦理惯例支持以利润为基础吗？

5. 机构对伦理的关注从其他更有利可图的用途上抢走了资源吗？

6. 财务绩效是决定投资者利益的主要因素吗？

7. 一个符合伦理的人足以成为一个"好"的经理吗？

8. 即时媒体和全球新闻对商业伦理行为产生影响了吗？

9. 员工能够单独依靠良心来做出正确的伦理决策吗？

10. 员工伦理培训会影响其伦理决策吗？

11. 人们的行为符合伦理是因为其个人道德感还是因为受到诸如国家或员工等外部实体的影响呢？

12. 机构领导层对营造伦理氛围做出的承诺有多重要？

13. 机构所有的决策可能完全合法，但并不道德吗？

14. 机构应该使其不道德行为事件暴露在外部世界吗？

15. 机构应该对员工不道德行为负责吗？

16. 既然高层对该公司"伦理行为"负主要责任，那么董事会应该在该领域承担更多责任吗？

17. 机构伦理方案的主要关注点应该在合法性上吗？

答案

问题 1

答案： 不是。

暂且把米尔顿·弗里德曼"企业的天职是经营"的格言放在一边，有很多关于为什么机构应该关注除了利润最大化之外的其他目标的论点。近年来企业已经认识到在它们开始担心利润问题之前，有很多责任，首先就是对公民社会的责任。

问题 2

答案： 是的。

越来越多企业的成功受到非市场关系的影响，特别是受到与政府和其单个机构、非政府组织、更广泛意义上的媒体和公民社会的关系的影响。良好的商业惯例和企业公民能减少诉讼数量、诽谤性的法律制裁以及约束性的政府管制。

问题 3

答案： 不是。

公司的宗旨是对公司目前和未来业务范围的表达。因此，它强调的是公司现在做什么以及将要做什么。而伦理准则强调的是公司如何做该做的事情。

问题 4

答案：是的。

虽然这有时可能与直觉相悖，但是越来越多的公司意识到良好的伦理原则和高度的机构诚信是企业卓越的基础，也能带来更大的利润。有关数据显示，机构诚信和商业伦理同经营业绩相关。

问题 5

答案：不是。

实际上，公司健全的伦理制度和文化能够带来更高的生产率和更低的员工流动率。良好的价值体系有助于公司实现和维持出色的运行机制。良好的价值体系能够：

- 提供对机构努力的关注。
- 提供机构认同的来源。
- 调动员工的积极性和奉献精神。
- 促进长期目标的实现。
- 增强机构的灵活性和适应性。
- 带来更精简的组织结构和分散化的决策过程。

问题 6

答案：不是。

良好的商业惯例能够对公司在市场中的声誉做出重要贡献。研究表明投资者愿意为拥有稳定管理机构和良好道德声誉的公司支付溢价。凡士通轮胎公司因为道德问题，导致投资者信心锐减而遭受巨大损失。当与签约制鞋血汗工厂的工作环境有瓜葛时，耐克公司同样经历了许多问题。投资者可能会把伦理看做是价钱超值的一分预防。

问题 7

答案：不是。

有伦理的经理可能也会像其他人一样犯管理上的错误。伦理只是促使经理成功的一部分，但没有伦理的经理很难实现长久的成功。

问题 8

答案：是的。

随着全球通信的发展，有关公司商业行为的信息可以很容易在世界范围内传播。一个国家的商业丑闻能够在几分钟内成为许多其他国家的头条新闻。如果本地公司想要同世界知名公司建立商业关系，那么这也会迫使它们改善对商业道德惯例做出的承诺。来自全球政府机构关于遵守硬性规定的要求同样也会对此产生影响。

问题 9

答案：不是。

尽管经理们首先会假定人有尊严，他们也应该发起适当的公司伦理的倡议。但即使真正的好人也容易犯错。而且，就算机构内所有员工都很有道德，但是机构的结构可能会产生各种压力而使整体道德水准大打折扣。

问题 10

答案：是的。

伦理培训，如果处理得当并得到高层的实际支持，那么就能够对公司行为产生极大的积极影响。

问题 11

答案：个人影响和外部影响激发道德行为。

一方面，虽然商业伦理极易受到机构整体惯例的影响，但它也取决于个人的价值体系。另一方面，个人价值体系也是在公司的运营过程中社会价值体系的反映。社会建立整体的伦理框架，管理层和员工必须在框架下制定自己的行为准则。因此，社会也必须承担制定评估公司决策标准的责任。

问题 12

答案：至关重要。

许多研究员已经发现领导层的决策、价值观和商业伦理之间关系密切。

问题 13

答案：是的。

遵纪守法通常指满足法规的最低标准。合法并不一定意味着机构行为符合伦理要求。当然，对法律用语的解释会随时间推移而改变，即没人能保证今天合法的东西明天还合法。这使得通过伦理方案来避免昂贵的诉讼显得很理性。不严格依靠法律来确保伦理还存在很多其他原因。

问题 14

答案：是的。

一旦不道德行为被揭露，即使没有采取合理行为，也没有产生法律后果，管理层也会遭受员工、债权人、股东、供应商和客户信心的严重损失。不道德行为的保密情况一旦公开，通常就会给机构带来灾难性后果。例如，凡士通轮胎事件就是这样一个恰当的例子。

问题 15

答案：是的。

管理层的责任是为降低不当行为的可能性而制定体系，以及发现和惩罚违法行为。深度整合整个机构共享的价值观和指导原则也是管理层的责任。然而，公司负责任并不排除个人负责任。

问题 16

答案：是的。

如果董事会忽略其在伦理行为领域监督管理层的受托义务，那么董事会应该就此承担责任。

问题 17

答案：不是。

以"服从为基调"的伦理方案还不够。缺少致力于避免非法行为的综合方案，良好的伦理惯例就无法实现；这应该与伦理行为的管理责任以及加强引导公司的价值观、文化抱负、思想和行为的哲学与范式相结合。这被称为"基于正直的"方式。

资料来源：世界银行。

第九章

个人伦理之争

第十章　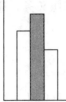 建立有效的公司伦理准则

国际商务伦理（第三版）

设定远大目标；找出值得尊重的正直和守法之人；就行动方向与他们达成一致；并给予他们最高的信任。——约翰·弗洛茨·埃克斯（IBM公司董事长）

当今世界强加给跨国公司一个新角色——道德价值观的传播者。这或许是多余或陌生的角色，但仍然是现实的责任。任何想要跨境经营的公司，必须准备好接受道德上的审查。应该指出，公司为了维护良好形象，焦点必须集中在企业伦理文化和正式准则上。

机构内部的伦理准则能实现很多目标，可以提高员工的伦理敏感性和判断力，加强对个人道德勇气的支持，有助于磨炼机构的认同感，拥护公司的公众形象以及避免可能的法律挑战。为了有效竞争，跨国公司必须确保其伦理准则和行为准则在文化上与所有员工相协调。但说起来容易做起来难。

准则的战略性理由

公司建立伦理准则并不仅仅出于兴趣。过去在公司内部或公司产业部门内，通常是通过创伤引发事件来推动伦理准则的建立。公司逐渐认识到要承担社会

责任，同时政府和非政府组织对伦理标准有严格的管制政策，因此有很多建立伦理准则的动机。其中典型的动机和理由包括：

法律方面的动机

- 对法律要求的变化。
- 不断渗入那些有不同文化和政治传统的地区。
- 给公司造成损害的事件。
- 更多的媒体监督。
- 给行业带来伤害的事件。

商业理由

- 为全球经营建立核心原则。
- 提升员工专业化水平。
- 限制法律风险。
- 提高公司声誉。
- 限制公共关系风险。
- 控制供应商的产品质量。

本土经营，全球获利

在公司遥远的国外经营地点，当地管理层通常会对公司的价值观和伦理准则做出自己的解释。在一些情况下这很危险，因为可能造成应用和行为的不一致，这种不一致会有损公司的全球声誉并使员工感到困惑。避免这种情况发生的办法就是交叉强化——就是说，派总部的管理者到当地公司宣传公司的核心伦理，同时把当地员工调到全球其他公司所在地，这样他们就能意识到公司伦理纲领的确是全球性的；纲领应该与实际应用相一致，并为当地的使用留些解释余地，只要该解释与公司整体价值观相一致就行。

行为准则必须明确有用，但它们也必须为经理们留有余地，这样经理们就能在需要文化敏感度的情况下作出判断。东道国员工不应该被迫接受外国经理所属国家的所有价值观而放弃他们自己的，反之亦然。在国外生活工作的经理们，如果无法克服伦理困境和紧张感，就应该打包回家。把所有商业惯例分为道德或不道德的观点过于简单。

环境必须有助于形成准则

环境必须塑造伦理惯例。例如，富裕的外国公司支付给新兴市场当地人的工资，按照富裕国家的标准来看很低，但在发展中国家这些工资相对当地标准来说非常高。

同样地，当文化有着不同的道德行为标准以及处理不道德行为的不同方式时，采取专制主义方式的公司可能会犯灾难性的错误。经理们若没有意识到当地文化对当地伦理以及外国伦理的看法，就无法在另一种文化中开展业务。

虽然一致性被认为是成功的全球伦理政策的重要部分，但是更多开明的公司会鼓励经理在具体实施时使用常识。特定的情况需要具有灵活性的行为准则。

思考一家在印度有子公司的英国制造企业的例子。当地公司政策给予员工子女工作的第一优先权，一旦孩子达到一定的教育程度，当然得符合印度的法定劳动年龄，即使其他申请人比员工子女更能胜任工作，公司也会信守承诺。在就业困难的国家，这种特殊待遇非常宝贵，它反映了印度文化的信念，即在改变家庭结构以便满足工作需要方面，西方国家起了太大的作用。然而，在英国，这种做法明显是裙带关系的反映，违反了伦理原则，甚至违反劳工法。在印度这样的国家，裙带关系被视为扩展的家庭文化中可以接受的方面，为员工提供此类特殊待遇可能是正确之举，禁止它则可能造成员工的不忠。

注意 ☞

适应与合理化仅一线之隔。

如果经理们无法理解在制定全球使用的公司伦理中当地价值观和文化所起的重要作用，那么我们会发现他们：

1. 一味强调公司总部的文化价值观，而没有考虑它们在其他文化中是如何被认知的——阻碍了这些地区的商业成功。

2. 创建的全球伦理纲领太狭隘，并且是基于本国公司总部建立的。

3. 在与其工作的国家或地区的文化产生共鸣方面，无法凸显满足其纲领的核心要素。

4. 无法满足多元化员工队伍的伦理需求，导致队伍潜在的效率和效能更低。

5. 没有意识到或没有反映当地社会和客户对跨国公司本地经营活动的期望。

6. 未能充分关注作为决策制定指导方针的企业价值观，以及在本地经营中政策、程序和惯例的实施情况。

警告 ☞

当涉及建立外国/本地伦理制度时，全球经理人不应该忽视"一个巴掌拍不响"这一事实。没有谁能够把意志强加给对方且还能获得长久成功。

没有那么世界化

　　尽管都在谈论企业伦理的重要性，但是很少有公司实际拥有书面的行为和伦理准则。例如，在澳大利亚，71％的公司没有书面准则，在日本这一数字为70％。在德国、法国和英国，不到60％的公司有书面准则。（虽然比例仍旧很低，但是与1983年低于20％相比，已经是很大的进步了。）然而，即使是那些使用书面准则的大型跨国公司也很少花时间和精力去确保这些准则在各种文化中的一致性。因此，在总公司以外的地方，就很少有人再关注这些准则。然而同时，市场和积极主义利益相关者们要求，要用发挥作用的准则替代对伦理准则松懈的态度，消费者也把伦理准则看作对公司运营的一种影响。

当心考虑欠佳的公司准则

　　并非每个人都认为拥有企业伦理准则是个好想法。批评者指出，如果员工不熟悉伦理准则的细节，那么很显然就有危险；公司员工可能会被吓跑，不愿在国家或商业伙伴的模棱两可的道德环境中工作。
　　他们称商业伦理倡议会损害商业成功，因为伦理准则没有完全承认：
　　1. 需要容忍对在全球市场经营至关重要的不同惯例和习俗。
　　2. 不够谨慎的竞争对手所得到的优势。
　　3. 因为可能的伦理问题，员工未利用商业机遇的风险。一些员工将简单地避开此类区域。

前瞻性的伦理

　　成功的伦理纲领深植于企业文化，而非根据法律以及出于维持公司声誉的需要而强制规定。任何公司都需要合规的文化，仅有控制体系是不够的。事实上，澳大利亚法律就规定了"公司内部合规经营的环境"。如果公司未能保持符合法律规定的企业文化，或者企业文化引导、纵容或导致了对禁止贿赂外国官员的刑事规定的违反行为，那么公司将承担法律责任。

一些关键的企业文化因素包括：
- 机构内部伦理、合规政策以及行动的一致性。
- 领导层对伦理的关注。
- 员工对公平待遇的认识。
- 机构内部对伦理和价值观的开放性和讨论。
- 员工对伦理管理目标的认识。

什么是企业文化以及为什么很重要？

企业文化是把机构聚在一起的"胶水"。它包含一个机构的价值观、行为规范、政策和惯例。就像民族文化一样，企业文化由一些基本组成部分构成一个整体。相较民族文化中的语言、宗教和幽默感等成分，企业文化的组成部分更具功利性。任何单独部分都无法揭示企业真正的内部构成，但当作为一个整体来看时，它们就会针对公司的价值观和目标，呈现出清晰的画面。

企业文化的主要组成部分：

1. 奖励制度 什么类型的员工行为值得赞赏和奖励呢？敢于冒险的人在管理层会得到提升还是公司会奖励员工的忠诚和长期服务？

2. 聘用决定 公司雇用的员工类型更多地与其文化有关。通过雇用多元化的员工队伍，公司准备好成长和接受全新理念了吗？公司满足于一直雇用同种类型的员工以建立同质的员工队伍吗？

3. 管理结构 公司是严格按照层级结构建立的吗？是由执行委员会还是由董事长管理？

4. 风险策略 公司对风险的态度是什么？是鼓励冒险、尝试新产品和新市场，还是满足于已建立的完善的市场和产品呢？

5. 物质环境 办公室的设计是鼓励交流、合作和平等主义意识的开放式设计呢，还是把办公室分割开来鼓励个人完成工作呢？公司总部是所有权的标志还是仍然具有功能性的工作环境？

对一个全球公司来说，虽然不太可能确定什么是完美的企业文化（这取决于你在何种文化中经营、行业以及之前讲到的基本的文化组成部分），但是想要成功，有效的全球企业文化应该包括以下基本特点：

- 需要在员工中建立责任感。
- 需要在不同文化中连贯传播。例如如果企业文化以亚洲文化为中心，那么欧洲员工可能就无法认同。
- 虽然灵活性很重要，但必须和不同文化中的原则自始至终保持一致，例如在宗教节日准予放假。

● 必须适应世界市场的竞争性要求和新的市场条件。

伦理与合规的区别

不强调或不理解合规性计划与真正的以价值观为基础的伦理纲领之间的区别，可能会遭遇惨重损失。合规方法应该适宜于预防非法行为和犯罪行为。相比之下，基于价值观的诚信方针有更崇高的目标：全面实现期望中的行为，即使法律并未要求。有着合规性方针的公司让律师来掌控全局，以价值观为基础的伦理纲领则让公司经理指挥。

商人常常对法律无法回答的问题做出合乎伦理的决定。例如，对于公司收集的客户资料可以做什么，美国隐私法并未给予说明。与此相反，欧洲法律表现出对滥用个人信息的密切关注。商业伦理政策应该超越法律的最低限度，设定更高的期望，以建立一个超越仅仅合规的企业文化。

合规准则是对行为准则的直接陈述。很多伦理准则并不只是旨在满足最低法律要求的合规准则。由于其本身的性质，伦理准则具有地方性，不可能放之四海而皆准（毕竟，子公司受当地法律限制，同样对于每个地方单位而言，拥有自己的"合规准则"很有必要）。最大的区别是合规准则只要符合法律规范即可，而真正的伦理准则不仅要合法，还包括企业价值和社会目标的实现。

不区分伦理准则和合规准则的机构会有如下风险：

1. 采用了它们可能称之为以价值观为基础的伦理准则而实际上提供的是有一定指导方针的合规准则，这些指导原则没有为员工留有解决日常伦理困境的空间。合规的理念对经理和员工面临的日常问题很难做出回应。

2. 所提供的符合法律法规的计划并不令人兴奋而且以与员工激励相反的方式运行。这在员工中会创建出无法实现的预期。

3. 依赖于在合规计划中产生的最佳方法，而该方法可能无法有效支持以价值观为基础的伦理纲领。

4. 无法认识到以价值观为基础的伦理准则和合规计划对成功有不同的界定。

5. 发现它们自己要对一个受质疑、行为合法但被视为"不道德"或"不公平"的公司负责任。

合规计划与基于价值观的伦理纲领的比较

合规计划

精粹：与外界强加的法律和标准一致。

目标：预防非法行为。

领导阶层：由律师推动。

行为假定：担心受不当行为引导的独立个体。

以价值观为基础的伦理策略

精粹：根据选择的标准自治。

目标：使负责任的行为成为可能。

领导阶层：由管理层推动。

行为假定：受物质、个人利益、价值观、理想和同行影响的社会个体。

企业伦理准则的基本要素

企业伦理准则在创造员工和供应商行为的可预见性和一致性的环境上起着关键作用。该准则也处理机构控制和个人道德判断之间的关系。国际商业组织使用的准则一般包括如下规定：

1. 机构价值观和指导原则的概述。

2. 定义什么构成伦理行为和腐败行为。

3. 能力要求和专业标准。

4. 个人行为和职业行为的指令。

5. 对公平、公正和机会均等的肯定。

6. 关于礼物和利益冲突的规定。

7. 因私使用机构设备的限制。

8. 关于保密性、公众意见、举报和员工被隔离后使用公司/机构信息的方针。

9. 不同利益相关者、其他相关方及其权利的确认。

10. 执行准则的机制。

11. 个人负责制。

12. 有关解释和执行准则的建议。

准则书面化

企业伦理准则要比交通规则复杂；它包括对企业核心价值观的陈述。如果公司没有此类陈述，那么它们写下的第一句话就应该是对核心价值观的陈述，并且准则应该围绕着核心价值观展开。

当不按伦理行事的诱惑最强时，行为准则必须指明伦理行为的方向。行为准则中不可接受贿赂的声明不起作用，除非配有对送礼、商品通关行贿以及来自受雇佣索贿中介机构的"请求"的具体说明。

警告 ☞

过于宽泛、过于敏感或只保持政治正确的准则只会使问题变得更严重。伦理是严肃的事情，需要直接、具体的解决和调整方式。

很明显，任何负责起草企业伦理准则的个人或团队必须了解经营范围内的伦理敏感部门。但是起草准则所涉及的远不止把字写在纸上。如何起草和制定准则或许同最终成果一样重要。准则起草者必须开发出一套流程以保证得到公司各个部门的"认同"，并回答准则将如何引导实践以及如何应用准则来教育人们采取良好的行动。

☐ 被忽略的问题

虽然大多数公司已经起草和实施了全球伦理准则，但其员工对准则的采用持怀疑和抵抗态度；这些公司当中的大多数可以追溯到具有一个共同的因素或一个共同的失败原因，而失败可以追溯到制定准则的过程中——也就是说，在规则形成过程中没有向员工咨询。获得员工对准则"买账"的最有效的方式就是确保员工对准则的制定拥有重要发言权。应该向员工咨询相关事宜并鼓励其参与到构成准则基础的原则部分的起草中。

在定稿前应该反复修订准则，每份草案都应在员工间传阅，同时以明确的机制记录他们的参与程度。员工应该感觉到他们在起草准则时出了自己的一分力；除非他们在起草中出了一分力，否则他们不会有这种感觉。他们必须看到准则对他们的付出有所响应而发生了改变。

□ 使准则易于使用

需要向所有员工和经理们解释如何使用准则。解释各个选项并表明可向何处寻求建议的宣传手册则是推行这项工作的良好开端。设置一个可供员工咨询问题以获得相关准则解释的"热线"至关重要。应该有针对某人如何提出伦理问题的方针，以及关于如何更新和更改准则的建议流程。准则也应该包括伦理决策模式和案例分析。

总而言之，准则应该：

● 易于阅读。

● 对每个企业或地域市场都具有实用性和相关性。

● 充分但细节不可过多。

● 成文流畅，语气易于接受。

很显然，商业伦理政策在格式上差异很大，诸如印制的宣传册、手册，或企业内部网上的出版物。虽然具体内容会不同，但有效政策主要处理员工、客户、卖方、竞争者和公众之间的商业关系。子主题通常直接确定遵守法律、避免利益冲突、保护公司财产和机密信息、维持工作场所的健康与安全、避免歧视和骚扰以及尊重隐私等方面的准则。一些公司希望其承包商和供应商也能够遵守相同的伦理政策。

□ 要问的问题

在正式订立企业伦理准则前，机构的管理层应该考虑以下问题：

1. 希望达到什么目标？

2. 为什么这一目标对我们很重要？

3. 在这一领域如何才算成功？

4. 谁是目标受众？

5. 受到我们机构或机构中个人影响的是什么人和团体？如何对其排序？

6. 我们机构的主要活动领域是什么？

7. 我们机构想要预防的不道德决策和行为是什么，以及如何预防？

8. 我们机构成员最可能面临的伦理问题是什么？

9. 如何调解相互冲突的原则？

□ 准则解决哪些问题

一家独立的商业研究机构——世界大型企业联合会对大型跨国公司的一项调查发现，行为准则通常解决以下问题（按频率降序排列）：

1. 贿赂以及不正当报酬问题。

2. 利益冲突问题。

3. 私有信息的安全问题。

4. 收礼问题。

5. 环境问题。

6. 性骚扰问题。

7. 反垄断问题。

8. 工作场所安全问题。

9. 政治活动问题。

10. 社区关系问题。

11. 个人信息的保密性问题。

12. 人权问题。

13. 员工隐私问题。

14. 举报问题。

15. 物质滥用问题。

16. 裙带关系问题。

17. 童工问题。

□ 确保翻译得当

试图将行为准则或伦理准则从一种文化传递到另一种文化是一个特殊的挑战。总部位于巴黎的欧洲工商管理学院在其出版物《动态》中提出了一个有趣的案例分析，引用了日本制造和贸易公司松下集团（Panasonic 是松下最知名的公司品牌）试图让公司的法国工人接受所谓的基本经营目标和七原则（一种企业理念和基本行为准则）的例子。对管理层而言把这些形而上学的原则——基于日本文化以及集体高于个人的重要性——翻译成与法国文化相关的东西就是个挑战，因为法国文化远非集体导向型文化。日本的基本经营目标更加强调集体利益，虽然七原则试图在日本而非工会化程度很高的法国建立新型的雇主/员工关系。

基本经营目标

认识到作为产业人的责任，我们将致力于通过企业活动谋求社会的进步发展和人类幸福，进而提高全世界的生活水平。

七原则

1. 社会贡献　我们将始终用基本经营目标来指导我们的行为，忠实地履行作为产业人应该对社区经营担负的职责。

2. 公平和诚实　我们将在所有业务往来和个人行为中保持公平和诚实。不管我们多么有才华、学识多么渊博，如果没有操守，我们就不能赢得尊重，也不能增强自尊心。

3. 合作和团队精神　我们将集中力量完成共同的目标。作为个人，无论我们多么有才能，若没有合作和团队精神，我们也只能是一个名义上的公司。

4. 为改善而不懈努力　我们将继续努力提高我们贡献社会的能力。只有通过不懈努力，才能实现基本经营目标，才能有助于实现持久和平与繁荣。

5. 礼貌和谦虚　为了加强良好的社会关系并提高社区的生活水平，我们将始终热忱和谦虚，尊重他人的权利和需求。

6. 适应性　我们将不断调整我们的想法和行为以满足不断变化的环境，务必做到与大自然和谐相处，用我们的努力实现进步和成功。

7. 感激　我们不会因对我们所得益处的感激而行事。我们自信这种态度将成为无限快乐和活力的源泉，也使得我们能够克服所面对的障碍。

这些原则对日本工人具有重大意义，但对并不具有相同的层级职责意识的法国工人来说接受这些原则就并非易事。他们需要克服的第一个问题就是把这些原则从日语翻译成法语。逐字翻译可能不起作用，因为许多讽喻会随着日语独特意识形态的消失而失去意味。与逐字翻译相反，公司删掉了原文中的赘言和无法转换的词语，用法语制定了一系列并非逐字翻译出来的原则，向法国工人们提供了一个他们能够理解的更通用的语境。

为了实施行为准则，公司向所有工人安排了关于企业理念的讲座，以及有关法国工作场所的一些例子，以展示如何应用这些概念。法国工人则被教导如何理解日本经理在法国的企业思维方式，并鼓励他们参与价值原则的讨论。举办讲座是为了在法国工人中建立对这些"外来的"价值观的所有权意识。计划成功的关键在于，无论是法国还是日本的管理层，都应该在该领域提供领导，并演示如何在日常实践中使用这些价值观。七原则不是流行一时的管理时尚，而是已经成为员工日常活动的一部分。

伦理领导的方针

当然，任何企业的伦理纲领都不亚于其领导者。一个优秀的领导必须是值得信赖的人。一个公司的 CEO 如何在伦理纲领的发展中展示其领导力并弘扬良好的伦理行为就是规范的文化呢？优秀的领导者应当：

- 积极参与企业伦理纲领和合规计划的制定与管理。
- 确保其参与高度可见。
- 传达关于为什么伦理是核心商业问题的信息。
- 认可关键决策制定中涉及的伦理问题，详述决策如何解决这些问题。
- 坚持要公司经理详细讨论其决策的伦理性。
- 确保所有公司经理了解他们对机构文化的影响力，并了解他们对伦理层面关注与否是如何影响机构文化的。

反应性、前瞻性还是"没有"反应？

为什么一些公司能够成功处理伦理危机，而其他公司通常采取否认和自大的态度而使损失加剧呢？专家指出七宗罪——在机构中很普遍的行为类型，使得机构无法成功处理伦理危机。在很多案例中，危机处理给企业声誉所造成的损害要比危机本身更严重。

□ 七宗罪

1. 使用损害控制　不用担心，危机将在一天内停止。少说或不说比反应过度要好。

2. 否认问题　称之为孤立事件；有必要拒绝深入调查。

3. 骄傲或自大　这种事情当然不会发生在我们公司。这不是我们的错；应该责怪原告。

4. 不关心人们的问题　没有违反公司程序，所以我们是对的，不管情况的公平性如何。

5. 不用为道德问题费心　从不承认道德问题比商业问题更重要。

6. 推脱责任　一味拒绝承认对社区和其他利益相关者负有伦理上的责任。

7. 从不道歉。

这些"罪"并非在所有文化中都成立。例如，在层级结构严格或隐私意识更强的文化中，你会发现很多"罪"达到了每个参与者都同意的操作程序标准。而在吹嘘完全透明和将公司丑闻公之于众的西方公司，就找不到普遍认可的惯例。

形成经理人的全球视角

在出现伦理冲突时学会发现无法容忍的惯例和做出良好判断是需要练习的。塑造奖励伦理行为的企业文化是必要的。在经理人建立全球伦理视角的过程中，以下方针会有所帮助。

- 把企业价值观和正式的行为标准看作绝对准则。无论企业选择什么伦理标准，无论在国内还是国外，都不能在原则上摇摆不定。

- 为供应商和客户设定条件并付诸实施。

- 允许国外业务部门帮助制定伦理标准和分析伦理问题。法国罗纳普朗克制药公司允许外国子公司把它们自己的建议添加到企业伦理原则清单中。得州仪器公司通过建立全球商业惯例委员会对国际商业伦理问题给予了特别关注，该委员会是由来自该公司所在的不同国家的经理组成的。

- 在东道国，支持减少制度性腐败的努力。在东道国，经理个人无法靠自己消除腐败，无论他们拒绝了多少贿赂。当东道国的税收制度、进出口程序和采购工作有利于不道德的参与者时，公司就必须采取行动。

- 发挥道德想象力。运用道德想象力是指负责任地、创造性地缓解紧张局面。例如，可口可乐公司一直拒绝埃及官方的贿赂要求，但通过赞助果树种植项目已经设法获得了政治支持和公众信任。再以李维·施特劳斯为例，在20世纪90年代早期他发现孟加拉国的两个供应商雇用了14岁以下的童工——这种做法违反了公司原则，但在孟加拉国却是可以容忍的。迫使供应商解雇童工不但无法保证这些儿童能够接受教育，甚至可能会给依靠童工工资的家庭带来严重的困难。通过创造性的安排，供应商答应在童工上学期间向其支付基本工资，14岁后为其提供工作。反过来，李维·施特劳斯答应支付童工的学费，提供课本和制服。这一安排使得李维·施特劳斯不但维护了本公司的原则，也给东道国带来了长期利益。

什么是有效的伦理纲领?

拥有书面政策仅仅是第一步。培训、监督和调整也同样重要。一个有效的伦理纲领应该包括以下步骤:

1. 建立企业标准和程序。

2. 在企业机构内指定至少一名高层人员监督履行情况(对一套已有问题的伦理则应当给予应有的关注,而不是简单地指定某人去处理)。

3. 要求公司的每个人参加培训或至少阅读标准和程序。

4. 定期实施监督和审核制度。

5. 强制执行标准;对发现的违法行为迅速做出反应,并避免进一步的犯罪。

纲领有效吗?

如何判断企业伦理纲领是否有效?有效纲领具有的共同特点是:

● 机构的价值观一致,目标很明确。

● 各个级别的员工理解机构的基本价值观。

● 在缺乏政策或先例的情况下,认为价值宣言是决策制定的有效指导方针。

● 规定的价值观能够处理机构的行为,就像处理员工行为那样。

● 规定的价值观能够被机构用于应对客户和供应商。

● 无论经济好坏,经商规则都保持不变。

● 需要解释机构价值观时,人们知道去哪里寻求指导。

● 举报准确给予奖励,举报错误给予处罚。

● 机构规定的价值观要与商界的价值观和伦理相一致。

衡量成功

维护企业伦理纲领最困难的一点或许就是获得成功(失败)的可量化标准。当然,有一些明显的标准,诸如较少的罚款或法律诉讼,但是相比伦理的真实有效性,这些衡量标准只算是合规性的标准。

最好在制定伦理纲领之前或实施后,公司尽快对员工(甚至卖方和客户)

进行基准调查。如果在伦理纲领改变前后完成调查，则在衡量伦理准则改变的影响上基准分析同样有效。最后，会计师和企业规划师承认，一些东西只能主观性地进行衡量。

一套衡量成功的更细微的标准包括：

- 不道德/非法行为的减少。
- 员工法律意识的提高。
- 员工寻求咨询的意愿。
- 员工把问题、失败和坏消息汇报给主管会感到心中宽慰。
- 报告违规行为的意愿。
- 员工对机构的承诺。
- 员工做出更好的决策。

制定有效伦理纲领的六个步骤

1. 使标准适应公司的业务需要。
2. 指定高管来监督合规性。
3. 以出版物和培训的形式就公司标准和程序对员工进行教育。
4. 设计一个合规体系，其中包括审核和监督程序以及鼓励员工报告潜在违法行为的机制。
5. 通过一致性原则执行标准。
6. 揭露所有违法行为，采取适当措施以改善纲领。

实施商业伦理准则的十二个步骤

1. **整合** 在发布准则时提出将准则与企业运营相结合的策略。
2. **认可** 保证董事长、CEO 或董事总经理认可此准则。
3. **发行** 以一种易读和可携带的方式向所有员工发布准则，并向加入公司的所有员工提供该准则。
4. **违规** 包括一个简短的部分，述及如果面临可能的违规，或对涉及伦理选择的行为过程产生怀疑，员工应该如何反应。
5. **个人反应** 给予所有员工对准则内容做出反应的个人机会。
6. **肯定** 经理和主管有一个程序，定期陈述自己和员工对准则规定的理解，并提出准则没有涉及的问题。

7. 定期审查　对准则定期审查和更新。

8. 合同　认为通过在所有的雇佣合同中引用伦理准则以及把它与纪律程序联系在一起，可使遵守准则具有强制性。

9. 培训　让负责公司培训项目的各级员工在其项目中包含准则所提出的问题。

10. 翻译　保证准则能够翻译成适合海外子公司使用的地方语言。

11. 公布　让商业伙伴（供应商、客户等）能够获得准则的副本，并期望他们能够遵守。

12. 年报　在年报中复制或插入准则，这样股东和大众就能够了解公司在伦理问题上的态度。

全球公司真的存在吗？

　　一个真正的全球公司意味着什么呢？首先，它需要全新的思维方式。这表示它已经超越了仅仅是一家有全球产品和外资办事处的瑞典公司，或一家在巴西有制造厂的韩国企业集团。大多数在全球市场中经营的大型公司还不是真正的全球企业。恰恰相反，这些公司还在自己的小隔间里思考问题，把国内市场看作是促使它们存在和开发新产品的推动力。自认为是全球关注点的跨国公司通常在母国有超过三分之二的产量，以及三分之二的员工。例如，虽然都是进行全球经营，福特汽车公司的文化与美国本土文化截然相反，而大众汽车公司的文化与德国文化相同。但是，不可否认的是跨国公司是全球资本、商品和服务流动的主要推动力。

公司准则：全球抽样

　　下列是摘自全球公司的企业伦理和行为准则。一个有趣的对比就是，相比欧洲和美国的公司，日本三菱汽车公司的准则缺乏细节，然而，三菱汽车公司的宣言与东方伦理观点一致，是该地区企业伦理准则的代表。

　　另外两个有趣的例子是莎莉公司的供应商选择指南和李维·施特劳斯团队的雇佣准则，其目的很明确，就是迫使供应商采取符合伦理的行为。这些公司发现，至少在公众眼中，你只和你伦理水平最低的供应商的伦理水平相当。（问问美国零售业巨头卡马特和沃尔玛吧，最近几年它们因自己的服装供应商的工厂在拉丁美洲雇用童工而被迫陷入公共关系战斗中。）

联合利华

联合利华是食品、家居护理、个人护理产品类别等消费品的全球供应商。它在超过 100 个国家出售面包酱、食用油和烹饪油。公司最受欢迎的国际家居护理品牌包括奥妙、冲浪、四季宝、奥能、金纺、威斯克、洁而亮、家净，以及英国的宝莹。

联合利华的商业准则

联合利华因诚信经营并尊重那些可能受我们行动影响的人的利益而享有声誉。这种声誉是一种资产，就如同人类、工厂和品牌一样真实。我们的第一要务是成为盈利的企业，这意味着我们需要为增长进行投资，同时平衡短期和长期利益。这需要我们关注客户、员工、股东、供应商以及我们从事经营的社区。

在达到商业目标的过程中，我们认为所有员工都能够理解并服从我们的价值观，因此分享联合利华的做事方式很有必要。在商业伦理领域，发表崇高空洞且没什么实用价值的声明很容易。包含在这一准则中的基本原则都是基本原理；我们已经制定了适合不同国家和公司的更多详细的指导，并将进一步发展。商业准则是联合利华的核心声明。

- **行为标准** 联合利华以诚实正直以及对业务相关人员利益给予尊重的准则开展业务。
- **遵守法律** 联合利华公司必须遵守经营所在国的法律法规。
- **员工** 联合利华公司只根据完成工作所需的资格和能力招聘、雇用和提升员工，并致力于为他们提供安全和健康的工作环境。联合利华认为通过公司基本信息以及咨询程序与员工保持良好的沟通很有必要。
- **利益冲突** 联合利华期望其员工避免可能与所做工作承诺冲突的行为和经济利益，并采取措施确保员工在出现此类冲突时能接受适当指导。
- **公关活动** 联合利华既不会支持政党，也不会因旨在促进党派利益而捐款。但联合利华公司倡导提高和保护合法商业利益。在这样做的过程中，政党可以直接通过诸如贸易协会等团体提出疑问、讨论特定的政府行为或决策。在经验可以发挥作用的地方，政党才会在影响此类合法利益提案和其他法规制订中寻求与政府、个人、机构和其他组织的可能合作。联合利华也倡导对来自政府和其他机构的请求做出反应，寻求这些机构对与我们所经营的业务和所生活的社会相关的问题给出相关信息、观察结果和研究结论。

国际商务伦理（第三版）

- **产品保证** 联合利华致力于提供在价格和质量方面价值如一、预期具有使用安全性的产品。

- **环境问题** 联合利华致力于以对环境无害和可持续的方式开展业务。因此，其目的是确保生产流程和产品对环境的负面影响最小，同时该负面影响与企业的合法需求相当。

- **竞争** 联合利华认可激烈但公平的竞争，支持制定适当的竞争法。员工接受指导以确保他们理解此类法律且没有违反法律。

- **财务报告的可信度** 联合利华的会计记录和证明文件必须准确描述和反映基础交易的性质。不能建立或维持未披露或未记录的账目、基金或资产。

- **贿赂** 联合利华不会为了留住业务或利用金融优势而行贿或受贿。联合利华员工必须立刻拒绝任何索贿或行贿。

- **应用** 该准则适用于世界各地的联合利华公司。联合利华公司参与的合资企业将积极促进这些原则的应用；这将大大影响合资企业的决策。

- **遵守** 联合利华董事会的职责是通过与员工沟通，使他们理解并遵守准则中的所有原则。独立的内部审计部门支持董事会监督准则的遵守情况。联合利华董事会不因由遵守这些原则导致的企业损失而批评管理层。同样地，联合利华董事会保证，不会有员工由于引起他们的注意或由于高级管理层违反或涉嫌违反这些原则而遭受损失。

在该准则中，出于使用方便的"联合利华"以及"联合利华公司"是指由联合利华公司、联合利华有限公司、它们各自的子公司组成的联合利华集团。联合利华董事会指的是联合利华公司和联合利华有限公司的董事会。

三菱汽车公司

日本三菱汽车公司宣布在三菱汽车集团日本国内外的会员公司中采用修订的企业原则。"三菱汽车企业方针"（日本）以及英文版"三菱汽车世界精神"（全球）反映了1998年"运动创新"公司政策的精神，并且替代了1980年6月采用的企业方针。

三菱汽车企业方针（日本）

- 永远为了客户的利益，实现在行动中创新。
- 以真正的全球视野持续创新。
- 作为透明规范交易公司的一员，诚信做人。

三菱汽车世界精神（全球）

- 客户满意度。
- 快捷和简单。
- 创新性和创造性。
- 公平和公开。

修订企业方针的目的在于通过努力向所有相关方提供指引：

- 实现在行动中创新。这一目标将通过公司活动的持续创新以及从价值对客户意味着什么的角度，对什么形成卓越进行持续的质疑和评价，实现提高客户满意度和与客户建立长期关系这一目标。这促使公司及时提供客户乐意接受的产品和服务种类。
- 从全球视角出发，对环境保护和国际社会的发展做出有意义的贡献。
- 成为一家真正的公司。换句话说，从企业伦理的角度，成为一家因其光明正大的和符合伦理的做事方式而被经营社区乐意接受的公司。人类和社会品质被放在优先位置，公司必须诚信做事，信守原则，正如三菱机构第四任总裁岩崎小弥太所概括的 "Shoji komei"［诚信和公平］。

"三菱汽车世界精神"是全新行为准则的简化版，该行为准则在日文版中使用关键词来捕捉概念的本质，并且三菱汽车公司为日本之外的集团公司提供了英语版本。它考虑到了文化、氛围以及思维方式的差异。

＊1. 要创造出通过优良品质和创新技术来进行区分的产品。在思想和行动中把客户的观点摆在第一位。努力合作以联合我们所有的物质和精神资源，服务于公司和整个社会。

莎莉公司

莎莉公司是为世界各地顾客提供高品质名牌产品的全球生产和销售商。公司总部位于美国芝加哥，目前在超过 40 个国家开展业务，在超过 170 个国家销售名牌产品。

莎莉公司供应商选择指南

向更多国家和多元文化进行全球扩张的莎莉公司业务活动，需要对产品和服务采购做出承诺，此举：

- 有助于维持全球良好公民身份。
- 能够提高企业声誉和莎莉所有品牌的形象。

- 能够确保莎莉公司取得商业成功。

□ 目标

莎莉的目标是利用公司的购买力去影响那些采购其产品和服务的公司，这样做的目的是使这些公司：

- 采取伦理行为的高标准。
- 遵守所有适用的法律法规。
- 公平对待并尊重员工，以促进员工福利，提高生活质量。
- 在经营所在地的国家和社区中做一个有社会责任感的公民。

随着莎莉向这些目标迈进，莎莉已经构建出下列采购指南以确保对所有供应商采用统一的方法。经营管理工作承担着在建立商业关系之前对所有供应商进行适当尽职调查的职责。"供应商"包括承包商、合资伙伴以及包括原材料供应商在内的商品服务供应商。

□ 供应商选择指南

1. 伦理标准

莎莉信赖与这些供应商开展业务，因为它们采用了商业伦理行为的高标准并会通过严格实践来展示对这些标准的承诺。

2. 法律要求

莎莉会严格遵守公司所在地经营和开展业务的所有法律法规，不会在任何违反此类法律或法规的情况下经营。莎莉也不会选择违规经营的供应商。

莎莉信赖与这样的供应商开展业务，它们承认并尊重员工行使自由结社的合法权利，比如是否加入某个社团。

3. 环境要求

莎莉信赖与这样的供应商开展业务，它们履行公司保护环境的承诺，并力求符合环境标准的实践。莎莉希望供应商立即制定方案并付诸实施，以纠正任何不符合环境标准的实践。

4. 雇佣惯例

A. 工作时间：莎莉不会选择那些未能遵守国家标准和法律规定的最高工时的供应商。

B. 童工：莎莉不会选择那些违反当地强制学龄相关规定而雇用了未达法定劳动年龄工人的供应商。在任何情况下，莎莉都不会向雇用未满 15 岁的非家族工人的公司采购产品或服务。

此外，莎莉更偏爱那些会主动为其员工的继续教育和处境改善做出贡献的供应商。

5. 强迫劳动　莎莉不会选择其原材料、制成品或服务由强迫劳动生产的供应商。

6. 歧视　莎莉认为应该基于完成工作的能力来雇用人员，而不是基于人格特质或信仰。莎莉更愿意与那些履行此原则的供应商开展业务。

7. 惩戒措施　莎莉不会选择与任何使用体罚形式或其他精神或肉体强迫形式的供应商开展业务。

8. 健康与安全　莎莉信赖与那些对其员工健康和安全表示关注并做出承诺的供应商开展业务。此外，这条指南对那些向员工提供住宿的供应商同样适用。

诺基亚

芬兰的诺基亚公司是手机制造商，也是手机、固定网络和互联网协议网络以及多媒体终端等相关服务的供应商。诺基亚在超过 130 个国家提供产品。

诺基亚行为准则

诺基亚承认，自己和利益相关者的长期利益取决于对伦理行为最高标准和适用法律的遵守。行为准则已经得到诺基亚集团执行委员会的认可，通过入职培训和内部沟通的方式介绍给员工并得到不断强化。

（术语"利益相关者"指的是员工、客户、供应商、股东、政府以及非政府组织、开展业务的社区及其他对诺基亚产生影响或受诺基亚影响的当事人。）

行为准则反映在诺基亚的价值观和工作方式中，公司希望每个诺基亚员工一律按照这一准则做人做事。对某些地区或国家，更严格的方针或更详细的指导可能更合适，但不应该与该准则相矛盾。诺基亚定期更新行为准则，一旦需要改变或进一步说明，就会对内容和实施策略做出改变。

- **伦理和法律**　诺基亚坚守伦理行为的最高标准，完全遵守所有国家的法律和国际法。例如，这包括那些关于反垄断、促进公平竞争、公司治理、防止贿赂、非法付款和腐败、证券上市、诺基亚交付给客户的产品和服务的使用安全、劳动法律和实践、环境法、人权法、国际认可的标准、著作权保护、公司资产、其他形式的知识产权的相关法律。诺基亚的目标不仅仅是遵纪守法，而是以行业领导者的姿态，在企业责任方面成为世界上最优秀且在业务经营地实践最好的企业公民。
- **人权**　诺基亚尊重和促进人权。诺基亚认识到在国际社会中，基于公认的国际法和惯例，诸如《联合国人权宣言》、国际劳工组织和《全球协议》的原则，某种人权应该被认为是基本和普遍的。

在这些权利中，诺基亚认为基本、普遍的人权有：不因种族、信条、肤色、国籍、民族、年龄、宗教、性别、性别修改、性取向、婚姻状况、与少数民族的关系、残疾或其他状况而受到歧视；不受任意拘禁、处决或拷打；和平集会和结社自由；思想自由、信仰自由、宗教自由；言论和表达自由。诺基亚不会雇用童工或强迫劳动。诺基亚不会默许违反国际法律和惯例相关规定的工作条件或待遇。

- **利益冲突，送礼与贿赂**　诺基亚员工必须避免可能导致利益冲突的活动。这包括但不限于向诺基亚的利益相关者送礼或给予热情款待或接受他们的礼物或热情款待，应在普通商务场所考虑名义面值的礼物或进行合理款待。必须避免同意或理解任何以特权或利益作为礼物的回报。在没有完全披露以及没有得到员工主管的相关许可之前，不可以接受不是名义面值的礼物。诺基亚及其员工不会为了获得或维系业务而向政府官员、获选人或其他当事人支付或提供贿赂或进行非法付款。诺基亚也不会向政党或其他政治团体提供财务支持。

（名义面值被定义为 100 欧元，如果地方或国家法律的要求更严格，那么优先采用更严格的标准。公司设立送礼和款待标准是为了向员工提供进一步的指导。在适当情况下，可以采取更严格的地区或国家性政策。）

- **职场惯例**　诺基亚员工必须尊重和鼓励正在发挥作用的诺基亚价值观，弘扬团队精神、个人责任感和来自多元化的力量。诺基亚努力向员工支付公平报酬，提供安全健康的工作环境。诺基亚力求在所有雇佣惯例、政策及程序中实现机会公平。满足工作要求，没有员工或潜在员工会由于其种族、信条、肤色、国籍、民族、年龄、宗教、性别、性别修改、性取向、婚姻状况、与少数民族的关系、残疾、工会的会员或非会员而受到歧视待遇。诺基亚将继续对个人学习、专业学习以及诺基亚员工成长进行投资。诺基亚鼓励员工维持个人生活和职业生活之间的平衡。

- **环境**　诺基亚的环保活动以生命周期思想为基础，以在产品生命周期内减少负面的环境影响为目标。诺基亚将通过管理业务和供应商网络，把绿色设计与产品开发、生产过程和服务设计结合起来，支持良好的废弃实践来实现此目标。

诺基亚不会出于任何商业目的利用濒危物种，同时进一步要求其供应商不得从确实存在人权滥用或进行非法采购或销售的地区进行原材料采购。

- **供应商**　诺基亚会尽最大努力只与分包商或坚决遵守国际人权和环境法及惯例的供应商签订合同。诺基亚承诺会监督供应商的伦理表现，一旦供应商出现问题，就立刻采取周密的措施。

- **实施**　该准则适用范围可扩大到所有事宜，包括与贸易、投资、分包、供应、业务发展、所有其他业务以及员工关系有关的决策。诺基亚实施行为准则的方法是积极、开放和合乎伦理的。

虽然可能会在特定情况下出现解释难题，特别是在需要敏感地平衡当地风俗和全球标准、方针的时候，诺基亚认识到上述承诺意味着诺基亚必须尽力按照行为准则确定伦理、法律、环境、雇佣以及人权问题并予以解决。

促进该准则的使用是每个诺基亚员工的职责。当对准则条款的应用有疑问、对准则条款的含义有疑问或有可能违反准则时，都应向上级部门及时报告。若出现严重指控，则那些处理这些问题的高级人力资源部门、安全和垂直管理部门会进行公平全面的调查。若如此处理也不恰当，则会通知更多的高级经理或这些部门的全球主管共同参与其中。

与该准则不一致的行为必须即刻纠正，并受到包括解雇在内的纪律处分。诺基亚保证不会因员工对违规的投诉而给予其负面的与工作相关的影响。

注意 ☞

虽然上面介绍的准则对于解决伦理问题大有帮助，但是没有什么是完美的，这些并不能够轻易适用于每个社会。读者会注意到每个准则都暗含着公司总部所在国的文化偏好。

第十一章

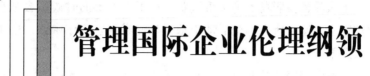

管理国际企业伦理纲领

尽管伦理需要培养和理性约束，但很大程度上它可以被任何人学习和使用。——柏拉图

如果你的目的是教坏人学好，那么失败就在所难免。但是不论出于什么原因，一个专门雇用道德低劣员工的公司可能已经或即将陷入困境。虽然个人的道德判断和品格发展是持续的过程，但是要将一个缺乏道德的人转变为一个诚信的员工，通常来说是一个难以超越的挑战。这里的底线是：如果雇用的是不诚实的人，那么公司的伦理培训课程也无能为力，但是这些课程的确能够帮助其他人做出正确的决定以有助于你的业务。

注意 👉

一些不道德决定因经验不足和无知而做出，同时并未经过事先预谋。

▌老手能适应新事物吗？

专家已经再三强调，道德培训并非全然教人诚实或者怎样做一个好人。警惕那些对其他方面的事情打包票的顾问。事实上，那些价值观和良好品质应当在家庭、学校以及正常的社交中形成。道德培训的目的在于，强化既有的个人价值观，并使之熔铸进企业的集体价值观中。

个人品德在职场上确实很重要。员工去上班的时候不会把自己的个人品德留在家里。这在所有社交活动中都很显而易见，工作中做出的决定经常依赖于个人品德。

一家大型服务行业机构的英国伦理培训主管回忆，20 世纪 90 年代中期她曾被派往莫斯科介绍一项说明她所在公司的伦理准则的培训项目。因为在此项目开展前的一年，在俄罗斯开业的公司已经有价值数十万英镑的商品和实物库存被盗。

"我知道莫斯科的盗窃率很高，但我们的遭遇比大多数情况要严重，"她说，"我做的第一件事就是查看员工记录。在旧式苏联体制下，大多数当地人都曾在服务行业中工作过。当谈及职场行为时，这就是一群几乎没什么伦理的人。"

"我甚至连一堂课都没有尝试去讲授，相反，我径直飞回伦敦，建议说若要阻止如此频繁的监守自盗行为并将类似于我们公司伦理的东西引入位于俄罗斯的分公司，唯一的办法就是大规模解雇员工。我可以教会员工如何处理伦理困境，也可以教他们如何使个人价值观和企业价值观相融合，但是我无法教一群不诚实的人怎样学会诚实，那是社会的责任。"

经过了一年多的时间，在大多数当地员工被年轻的、不那么苏维埃的员工取代以后，这名培训主管最终回到了莫斯科。

"培训进程取得了显著的效果，现在公司内部的盗窃率远低于平均水平，并且在不断下降。但老实说，我承认并非这个培训课程改变了这一局面，起关键性作用的是新员工的个人伦理。我们只是告诉他们如何应用他们已经认识和感受到的东西，以及这种道德行为所带来的回报。"

雇用前深入了解

企业如何确保其将要雇用的员工在符合伦理的商业行为上有最起码的底线？当然，如果直接去询问应聘者是否诚实有道德，那答案一定是"肯定"的。毕竟，难道你不会这么做吗？但是，还是有细微的办法来判断应聘者的道德成熟度的。

面试官称值得留心一个人如何回答棘手问题。例如，面试官可能会问应聘者："举例说明你在职业生涯中经历的伦理困境。"或者会问："假设你进入了我们公司，并为老板工作，而在工作过程中你对上司的伦理产生了质疑，你会怎么办?"

提示 👉

面试时,通常会给应聘者提供足够的时间来回答难题,不会打断他们也不会给他们提供任何"帮助"。

关键在于,不要问带有对错答案的问题,而要让这个问题使你能够看到一个人如何做出反应。例如,他们对某个伦理问题感到适应吗?他们能够自如地谈论此类问题而不感到紧张吗?如果他们回答:"以前从来没有考虑过。"这个回答可能就告诉了你有关他们伦理意识的情况,当然,同时也显示出缺乏经验。

警告 👉

这种直接方法很难应用于高隐私或高语境文化中。即便是在透明度较高的文化中,这种简单的直接询问方式也很难得到直接的甚至是真实的答案。采用的这种面试方式往往导致应聘者挖空心思给出面试官想要听到的答案。直接询问的方式在高级主管阶层最有用,但若用于考察一线员工,就显得捉襟见肘。

教授伦理意味着提高意识

如果不能轻易教授"好"与"坏"的行为,那么可以教授的是员工在职场中识别伦理问题的能力、企业伦理准则的重要性以及为了做出符合公司伦理准则的决策需要采取什么行动。

在设计伦理培训课程之前,管理部门首先要考虑以下三个基本事实:

1. 员工应该对他们的行为负责。

2. 员工无须对含糊不清的规定负责。

3. 员工们是值得信任的,但是他们在困惑的情况下可能无法做出明智的决定。

员工应该具有分析和解决伦理困境的知识,这样他们在面临困境的时候就不会手足无措。事实上,"培训"这个词用于企业伦理项目具有误导性。抛开地理位置和本土文化,任何一家企业都不能用像培训员工使用计算机软件或者会计方法这类具体工作技能课程一样的方式,来培训员工的道德伦理行为。毕竟,员工在参加工作之前就已经形成了个人道德标准和价值观。

记住这一观点，伦理培训的任务在于提高员工对商业伦理问题的意识，以及教育员工什么是正确的商业行为标准和企业的核心价值观。培训的目标应该是向员工提供所需的指南和工具，以使他们在工作中应用这些标准和价值观并做出符合伦理的商业决策。

企业伦理培训计划的目标可以概括为以下几点：

- 增加员工的法律知识。
- 使员工理解并实现企业设定的伦理标准。
- 使员工具备解决伦理困境的能力。
- 使管理层具备及早预警腐败、欺诈及玩忽职守的能力。
- 使员工遵守企业行为准则。

注意 ☞

大多数企业，特别是零售商，考虑到员工偷窃和不当使用工作时间后会调整他们的预测和定价。管理人员会准备好接受这些伦理缺失的存在，但当偷盗行为超过预期时，就会开始担忧。

培训收益

伦理官员协会（Ethics Officers Association）的750名成员彻底确信他们所做的此类工作对企业有利，而且他们似乎也使那些掌握财权的集团确信，伦理培训对公司大有益处。对2 000名伦理规范官员进行的调查发现，99%的人认为他们公司的伦理承诺在未来5年内会提高，或至少维持现有水平。

就收益而言，有效的伦理培训能够：

- 将公司价值和员工个人成功联系起来，从而提高业绩。
- 通过鼓励相互尊重和信任，提高整体组织效率。
- 通过培养坦诚的品质以及从错误中吸取教训的意愿，增强对竞争性挑战的响应能力。
- 通过鼓励、承认并奖励以价值观为基础的行为，来强化机构的文化。
- 有助于建立一支诚实、可信、有道德的员工队伍，这样的一支队伍是整个公司和社区的宝贵财富。
- 提高企业的声望和品牌影响力。

预期结果：首先了解规则

在开始培训项目前，企业必须首先明确通过培训想要实现的目标。专家建议制定一些比较广泛但有价值的目标。

所有的雇员应该：

- 了解规章制度，理解为什么这些规则从总体来说对公司及其职能范围适宜。
- 对自己的行为负责。
- 充分利用决策资源和技能。
- 适当使用规则。
- 了解如何以及从何处获得帮助。

针对管理者的其他目标：

- 了解如何处理灰色地带。
- 展现并鼓励负责任的行为。
- 确定风险区域和服从区域。
- 确定价值观并提供远见。

劝导，而非命令

教授伦理行为并非简单提供该做和不该做事情的列表。没有人愿意以独裁和贬低的方式被告知该做什么。在很多文化中，特别是在那些重视个体独立性的文化中，这种做法很可能会激起对伦理培训灾难性的抵抗。这不是教什么而是如何教的问题。

许多大型跨国公司已经将其伦理培训项目的重心从员工被动遵守转向对责任心以及员工积极承诺去实践企业核心价值的关注。

转变的原因很简单。过去，伦理培训中总是用一些类似于"你不应该"这样盛气凌人的口吻，使员工与企业渐渐疏远。时下流行的是更为积极的方式：强调个人责任感，向员工提供了解企业标准和价值观的工具，使之做出将这些价值观付诸实践的良好的伦理决策。最后，伦理培训的任务是授权每名员工自行做出伦理决策。

尽管伦理课程并非总能给员工探求伦理问题提供清晰明了的答案，但它能够强化核心标准和价值观，从而提高员工代表公司做出明智伦理决策的能力。

典型的培训方案

没有哪种培训方式能够保证在大型企业中的成功。正是因为每个员工都有有待满足的不同的学习方式，所以大多数培训依赖于各种各样的教育方式。培训方式包括：观看介绍可疑行为的录影带、真人剧，伦理案例研究以及面对面的会议。基于计算机的交互式多媒体培训提供了一个向所有员工传达一致信息的机会。

面对面的讨论和对话可能是伦理培训计划中最重要的部分。大公司的伦理热线也非常有用，该热线是一个由受过专门培训的员工接听的保密电话，员工能够全天候就商业行为方面提问保密问题和引起公司关注。

伦理培训成功的一个关键在于从员工处获得他们最关注的问题，并利用该信息设计培训计划。只有当培训能够解决对员工最有意义的问题时，培训工作才会更有效。公司完全可以将它们的热线电话和培训课程用作收集员工最想要讨论的话题信息的有效渠道。

阶段性引入：一个公司的经验

通过反复尝试，企业已经认识到在对员工进行培训之前，应该先对管理层人员进行培训，这是引入企业培训计划最有效的办法。下面的例子介绍了一家大型电信公司是如何处理伦理引入的伦理培训项目的。

包括从高级官员到一线管理人员在内的所有管理层员工被要求参加一个伦理意识专题研讨会。他们参加了一个培训项目，该项目意在帮助员工了解在工作中使用伦理准则的重要性，鼓励员工就工作中遇到的伦理问题和决策进行意见交流。在管理人员掌握这些基本工具以后，公司才让一线员工与他们的主管交流。

下一个阶段旨在把伦理意识提高到新的层次，即工作中的价值观和伦理。该课程是为管理人员设计的，旨在加强公司核心价值观并帮助管理人员学会如何在公司中将这些价值观付诸实现。这种培训的基础是一个伦理决策模型——在员工面临伦理困境时的一个结构化的分步指导。

另一类培训项目更具目的性，是针对一系列相关的具体话题、特定的职位层级或者工作职责的培训项目。其中一个课程涉及员工如何与政府官员及雇员共事。该培训通过假设的案例研究来帮助员工提高思考伦理问题并得出结论的

国际商务伦理（第三版）

能力。

当一家公司的伦理准则被改写时，它需要重新制定伦理培训项目；它通过配有领导指导的 30 分钟的录影带来帮助管理者制定出与其小组讨论此视频的框架。视频中包含三个现实生活中的情景，每一个都戏剧性地描述了员工在工作中可能遇到的伦理问题——在工作中尊重他人、公司报告的准确性以及保护客户记录的隐私。

初始的培训模块帮助员工获取对职场伦理重要性的总体理解，在这之后，公司对培训进行提升，以帮助员工以企业核心价值观为框架进行日常工作决策。

有效伦理培训课程的基本要素

20 世纪 90 年代末，毕马威的商业伦理研究所和宾厄姆顿大学的会计伦理和行为研究中心调查了 41 家跨国公司，用以确定伦理培训的主要手段。除了高层管理人员对伦理行为的真实承诺之外，下面是一个有效伦理培训课程必不可少的要素：

1. 培训应该关注提高决策制定和推理能力，而非宣扬遵纪守法或坚持原则。

2. 注重现场指导以及同事间面对面的互动和对话。

3. 以不超过 25 个人的小班为单位授课，使员工能够更自由地互动并进行角色扮演。

4. 行政认可。高级管理人员的个人访问、提供视频录像信息以及在全球市场中广泛推动伦理行为的重要性，可以使伦理培训项目在员工中得到更多的支持。

5. 在首次 6 个月的伦理培训课程中展开后续沟通。各种跟进方式包括公司简报中有关伦理的文章，组织员工网络，以及非正式的伦理小组通过私下或企业内部互联网讨论案例资料。

6. 有效伦理培训项目的其他主要特征包括：现实案例材料、聘用专业培训人员、至少四个小时的培训以及针对新员工的关于遵守规则和伦理意识的单独课程项目。

伦理培训的要素

专家认为，在一个有效的伦理培训项目中，以下 5 个要素必不可少：

1. 分段式的方法。
2. 多媒体信息和多渠道系统。
3. 决策资源（成文准则和热线服务电话）。
4. 案例讨论。
5. 多媒体伦理游戏和情景模拟。

传递伦理信息的途径

- 视频。
- 宣传手册。
- 海报。
- 企业简报。
- 纪念品。
- 企业内部网。
- 管理措施——"边走边谈"。

保持信息国际化

"伦理"是一个文化内涵丰富的术语，跨国公司在为所有员工制定培训项目计划时，需要格外小心，以免陷入员工强烈不满的境地。在制定培训项目计划时，最重要的是确保项目中所包含的理念和概念不要过于灌输某一特定文化。虽然几乎所有的跨国公司都会解释其伦理准则，但很少有解释其培训材料的——多么愚蠢的错误。当培训项目中包括视频时，尽可能地使用字幕。这样做可使你的国际员工感到你有意把伦理培训做成一个跨国项目。不要把公司里的国际伦理职位都安排给母国人员。选择相关地区了解当地语言、风俗和文化的本土人士做代表或培训师。

救援培训：中国香港的紧急情况

廉政公署（ICAC）委托进行了一次对年轻人工作伦理态度的调查，有80%的商业管理人员和年轻员工回应了 2 000 份问卷，称香港年轻员工的职业伦理标准正在下降。另外，40%的回答者认为年轻人的职业伦理水平"差"，或者

"非常差"。

该调查结果与廉政公署过去三年进行的年度调查结果一致，显示了香港的年青一代，较之目睹过 20 世纪 70 年代猖獗腐败现象或深受其害的老一代，对腐败问题的容忍度更高。

这些调查结果引出的担忧，促成了在香港会展中心举行的"关于年轻人工作伦理的研讨会"。不同领域——青年领域、商界、教育界以及社会服务领域——250 家机构的 450 人聚集在一起，制定策略以期通过培训提高年轻人的伦理标准。他们的结论是：应在学校和企业中引入伦理培训项目。

道德办公室

在一些组织机构中，道德规范官员被视为警察一类的人物，他们强制实施管理，进行正式审查并且惩戒违法者。然而，近几年这一模式有所改善，部分原因是企业的伦理培训项目变得更为广泛（而且细致），而且道德规范官员自己也意识到他们在企业中与其他员工的关系更加孤立了（没有人愿意同可能正在监视自己的人共进午餐吧）。

如今，大公司道德办公室的基本任务已经远非简单强制执行和惩罚。它必须与企业的价值观相结合，并且通过各种方式使企业及员工的决策和行动都与其价值观保持一致。

道德规范官员需要与法律、人力资源、安保乃至公司治理等各个部门相互配合。其职责可以总结为以下几点：

1. 确保商业政策和惯例始终与伦理原则保持一致。

2. 清晰地传达伦理期望。

3. 提供多种反馈渠道，供员工提出问题、表达担忧以及寻求伦理问题的解决方法。

4. 监督伦理培训。

5. 监督调查活动。

道德规范官员的概况

根据道德规范官员协会的调查，大型跨国企业中典型的道德规范官员具有以下特征：

● 在道德规范官员的岗位工作时间为 3.2 年。

- 在其公司的工作时间为 14.2 年。
- 平均年龄为 49 岁。
- 有在法律或人力资源部门工作的背景。
- 其主要责任包括以下几点：

  制定伦理政策和流程。

  监督全公司范围内的伦理与合规沟通，包括外部报告。

  监督调查和培训活动。

  风险评估。

综上，伦理调查员必须是好的倾听者。

伦理调查

无论事情发生在世界哪个地方，职场调查的第一步就是防止情况变得更加糟糕。如果在俄罗斯莫斯科或者美国爱达荷州商品不翼而飞，那么反应措施应该是一致的——将仓库锁得更紧。如果纽约或新德里的员工投诉性骚扰问题，那么这两个案子应该采取相同的措施：在调查过程中确保不再发生类似事件。

当今国际商业领域的现实情况是：无论伦理培训项目设计得多么完善、执行得多么严格，也不可能杜绝所有的不道德行为。但是企业重视对违规行为的深入调查，就可以使员工意识到法律制裁的严重性。

每个国家都有一系列管理隐私问题的法律，每种文化都有管理干涉个人隐私行为的规范。同样地，对调查中管理层可以和不可以做什么，工会也有着自己的看法。在调查过程中考虑国际生活的基本事实很重要，调查组中至少须有一名了解当地文化及法律复杂性的人员。在不考虑地理位置的情况下，调查人员应该考虑的五项经验法则是：

1. 第一印象并非总是正确的。
2. 一条新信息可以改变整个调查的观点。
3. 一个小误会就可能将调查引入歧途。
4. 倾听并努力理解他人有助于看清整件事情。
5. 良好的沟通是解决问题的重要手段。

常规及非常规的调查方法

国际商务中最常用的伦理调查方法通常与当地警察局使用的调查方法没有

太大差异，但是公司内部的调查人员更容易获得调查所需要的相关材料，诸如计算机磁盘、语音信箱以及电子邮件。

以下列出了公司伦理调查中的一些基本方法：

- 审查受质疑的交易文件。
- 检查个人记录。
- 检查差旅及开支记录。
- 采访目击者和其他受影响的员工。
- 恢复诸如电子邮箱、计算机磁盘包括网络驱动器的电子数据。
- 检索电话记录。
- 检查语音信箱。
- 检查工作场所的出入记录。
- 搜索公共档案（以确立可能的动机和个人日程）。
- 犯罪背景调查。
- 面对面访问被调查的人员。

根据调查规模和范围的不同以及可能对公司声誉及利润带来的影响（由于违反法律规定而招致的罚款），有时可以采用一些更极端的方法。其中包括：

- 人身监视。
- 监听，例如电话监听。
- 搜查办公桌、文件以及储物柜。
- 警方介入。
- 检查个人垃圾。
- 检查个人信用报告及银行记录。
- 向提供消息者支付费用。
- 测谎试验。
- 便衣刺探。

▌ 处理伦理调查的技巧

- 重视每一份投诉（但不要先入为主）。
- 彻底了解所有相关因素。
- 思考调查需要的步骤。
- 秉承对隐私和机密的承诺。
- 及时行动。
- 与被告人会面。

- 记录调查过程。
- 提出内部和外部两套救助办法。
- 提出跟进措施以避免重蹈覆辙。

目前正在调查什么？

根据道德规范官员协会的调查，道德办公室员工平均每年进行 59 次调查。收入超过 100 亿美元的大型跨国公司，每年执行调查的平均次数达到了 120 次。

最常被调查的类别有：

1. 滥用资源。
2. 利益冲突。
3. 性骚扰。
4. 歧视。
5. 盗窃。
6. 贿赂。

调查缺陷

伦理调查的目的并非不惜一切代价抓获犯罪分子。有时候，如何进行伦理调查会对员工士气以及相互间的信任产生重大影响。与正在调查中的不道德行为相比，一次拙劣的伦理调查可能给企业带来更严重的影响。调查者将会面临的重大难题有：

- 是否应该让被告人了解此次审查，并且告知他是谁对他提起的控告？
- 当局何时介入？
- 是否应质疑告密者的正直程度，或者仅凭表面判断其人品？
- 如果指控不成立，告密者是否应该受到惩罚？

伦理调查领域的专家列出了职场中伦理调查最常见的错误：

- 公司政策不明确或者不存在。
- 调查所涉及的当事人的职责不明确。
- 调查者未做到客观公正。
- 调查者带有过度热衷的心态。并非帮助企业管理者收集信息以做出正确的决策，而是试图做出"有罪证明"。
- 违反了保密性。

国际商务伦理（第三版）

- 侵犯了被告人的权利。
- 没有设立调查的界限，或者在审查过程中突破了预设的界限。
- 企业未能考虑调查过程对客户造成的潜在影响。
- 没有经验的管理者不知道如何应对。

警告 ☞

伦理调查者必须谨慎，调查中不能侵犯员工的合法权益。程序不当可能会使公司陷入法律纠纷和起到负面宣传的作用。

帮助热线：并非对所有文化都适用

当涉及对跨国公司的伦理计划进行管理时，由于地域和使用方式的差异，热线电话的使用可能成为项目成功的主要部分，但也可能触犯了文化禁忌。

与普遍的观点相反，跨国公司并非将其伦理热线定位为打匿名报告的"告密专线"，而是提供一个帮助员工解决有关企业伦理政策的疑问的专线，或是具体地帮助他们处理特定伦理困境的沟通渠道。

由世界大型企业联合会所做的一项针对大型跨国公司的调查发现，超过半数的企业保留了关于伦理项目的电话信息和报告服务。其主要目的有两个方面：报告可能的不法行为；帮助员工区分公司伦理政策和商业行为政策。五分之一保留了热线电话的公司声称它们在一些国家和文化中遭到了巨大的阻力。

在一些情况下，员工阻力可能基于某些历史事件，在其他情况下，民族文化导致热线电话没有得到利用。这些公司宣称，热线电话的概念在欧洲遭遇了巨大阻力。实际上，匿名控告、告密者以及通过电话秘密揭发不正当行为在当地受到了抵制，因为这似乎与前苏联曾用于揭发敌人和友邻的手段很相似。

在拉丁美洲和亚洲，让位于群体和社会利益的个人利益有着严格的等级文化，通过匿名电话揭露问题或者披露违反伦理的做法，被视为是极其不忠诚的行为。故意让上司丢脸也被认为是不对的。

而在印度，谁来接电话显得极其重要。呼叫者需要完全确信电话另一端的接听者会守口如瓶。对于在印度这样一个极其尊重职责和权力的文化中，热线电话想要发挥作用，接收电话投诉的人必须确认是公司的高级领导（理想人选甚至是首席执行官本人）。此人必须在公司受到广泛尊敬。

跨国公司发现，在很多文化中，通常来说，保密性对热线电话服务比对匿名投诉更重要。披露机密对保持员工士气必不可少；但是，匿名投诉给员工带来了可以恶意诽谤和不负责任投诉的巨大诱惑。在一些私人恩怨比较普遍的文化中，伦理热线电话服务很容易被滥用。

除非在生命和财产受到明显而紧迫威胁的情况下，否则公司不应该提倡匿名电话这种方式。最后，抛开其所处的国家和文化不谈，公司绝不应该花钱买信息。这种行为在职场中被普遍鄙视。

为了克服这种阻力，许多跨国公司已经认识到在提供咨询以及帮助员工了解企业准则方面强调热线电话的作用。同时，跨国公司也不再强调其"告密者热线"的作用。当然，只有在公司拥有一个与员工公开、诚信沟通的整体系统，并且拥有公正和诚信相待的声誉时，这个策略才能起作用。

高尚的揭发者还是恶意的告密者？

作为国际反腐运动的一部分，欧洲工商业顾问委员会和经济合作与发展组织的工会咨询委员会于 1999 年 12 月发表联合公告，承认举报行为在反腐计划中的重要作用。

以上两个委员会声称，在欧洲举报行为的真正阻碍并不是受到了二战及冷战时期告密文化遗留的影响，而是没有形成合理的程序以及对揭发人和可能遭受恶意指控的人予以保护的总体环境。它们认为把鼓励员工在企业内部提出疑虑的体制落实到位要比将这些人置于需要寻求媒体来发泄其担忧的境地更好。

为了在欧洲做好这个项目，它们建议企业做到以下几点：

1. 严正声明玩忽职守将会被严肃对待，并且列出被公司划为非道德行为的清单。

2. 保证为提出疑虑的员工保密，并且在垂直管理结构之外提供提出问题的机会。

3. 建立对虚假及恶意指控行为的惩罚机制。

4. 当员工关注的事宜在公司内部没有得到解决的时候，给员工提供在公司以外提出的正确途径。

为全球员工确定适当基调

百特国际是一家大型保健和医疗产品全球生产商，在全球 110 多个国家拥有超过 250 家分厂，员工人数为 45 000 人。公司总部位于美国伊利诺伊州东北部的迪尔菲尔德，销售额超过了 69 亿美元。以下是百特国际如何向其全球员工展示热线服务电话并强调它能够提供帮助的例子：

"商业操作热线服务电话为提出以及公开交流百特商业操作问题而设立，是独立的沟通渠道。员工、客户、供应商以及其他百特赞助者都可以通过该沟通媒介来寻求指导、讨论关注事宜并提出与百特商业操作标准相关的问题。

"商业操作热线服务电话由企业责任部建立，由商业操作小组管理，并有专门的商业操作顾问向你提供帮助。你可以在正常工作时间内联系到咨询顾问。如果在工作时间以外拨打电话，请在我们的保密语音信箱内留言，咨询顾问会在第二个工作日联系你。

"个人可以选择匿名拨打咨询热线。该热线没有主叫识别功能。我们的目标是鼓励对商业操作问题进行公开交流。我们很乐意看到随着时间的积累，我们接到的寻求指导的电话数量不断增长，而且远远超过报告潜在违规行为的电话数量。"

第十二章 商业/企业情报和伦理：诱惑无处不在

对于在追求财富和权力时未能付出努力的人，正直或勇气陪伴他的时间不会太长。——塞缪尔·约翰逊（1709—1784 年）

"商业情报"搜集的支持者认为，它就像销售和市场活动一样，只是大公司商业计划中的重要组成部分；而反对者则认为它是类似于间谍活动的肮脏的商业行为。对一些人而言它处于伦理上的模糊区域，对另一些人来说它又存在于现实生活中。人们很难信任已将"废弃物考古"类似委婉说法公之于世的商业服务公司，其中"废弃物考古学"这一术语用来描述对废弃信息进行筛选以便获得他人的财务、产品或营销秘密。

目前可以肯定的是，在全球各个地区商业情报服务市场很庞大，并且每年都在扩张。众所周知的是，如今若不使用"商业情报"中的一些信息，跨国公司在贸易中就没有竞争力。

据行业协会和政府估计，全球范围内的商业情报市场一年大约价值 20 亿美元。商业情报专业人员协会的调查显示，在接受调查的几百家大公司中有 25% 的公司 2000 年在商业情报上的总支出高达 10 万美元，并且有 14% 的公司为商业情报支出了超过 50 万美元。

另一个由前景集团所做的调查发现，在年收入超过 100 亿美元的企业中，82% 的公司拥有专门搜集对手信息的系统机构，并且六成公司设立了有组织的情报系统。

不管合乎伦理的动机是什么、承诺又是什么，总之现实是凡涉及巨大利润和竞争优势的地方，跨越伦理底线的诱惑就会迅速膨胀。

什么是企业情报？

无论你叫它什么，都不要叫它商业间谍，可以称其为实践者。虽然一些管理者喜欢用听起来相对无害的"调查"来掩饰，但"竞争或商业情报"就是有助于企业做出明智的商业决策的，对国家、行业、公司、机构甚至个人信息的搜集、分析和使用行为。

商业情报活动涉及伦理领域。一个极端是成为公开违法行为，比如盗取商业机密。另一个极端（商业情报所真正涉及的）是挖掘公共信息、晦涩的政府报告、研究报告以及行业期刊，以了解竞争对手的最新动态。正是中间这部分（隐藏身份以获取竞争对手的信息，或者欺骗对手公司的员工使其泄露机密）构成了伦理上的灰色区域。这种策略，虽然不违法，但在伦理上站不住脚。

更正式地讲，竞争情报专业人员协会（SCIP）把竞争/商业情报定义为监视竞争环境的过程。竞争/商业情报使得各种规模公司的高级经理，能够对从营销、研发和投资策略到企业长期战略的各个环节做出明智决策。有效的商业情报是一个持续的过程，涉及合法和合乎伦理的信息搜集，不回避不受欢迎的结论分析以及对于决策制定者行动情报的控制性传播。

从"从事间谍活动的"调查公司到世界上最大的会计和审计公司，许多不同类型的公司都可以提供商业情报。

有关商业情报的商务案例

对于政客来说，全球实力不再纯粹是军事问题。现今，力量被定义为经济实力，而经济实力则被定义为国家以及在其上设立总部的公司领先技术创新的能力。前线不再是某个地理界线，而是研发的战场。曾经的盟友如今成为直接的商业对手，相比他们曾经联合对抗共同的敌人，此时的局面更加艰难。比如现在的英国和法国，在某些情况下把彼此看作经济方面的对手，而不是真正的军事战略盟友。

以前专门用于军事情报搜集的手段，现如今也被扩展到搜集商业技术创新、合并、投资或其他金融交易的有关情报。与此同时，军事将领也已被大企业的首脑——CEO、公司总裁或董事所取代。而且用像"市场份额"以及新产品或改进产品的"率先面市"等金融术语来定义胜利。如今，是政权服务于商业，与古老的格言正好相反。

由于创新速度、大型跨国公司扩张以及竞争全球化，企业高管在制定战略性商业决策时再也不能仅依靠本能或直觉了。如今其中的利害关系太大了。在很多行业，一个错误的决定造成的后果很可能就是破产。

纽特威公司的前任 CEO 兼董事长罗伯特·弗林声称，公司搜集的有关对手的商业情报使得公司能够做出明智的、基于事实的决策，每年为公司创造的收益高达 5 000 万美元。

▎避免隐患

当今社会，商业情报搜集在并购特别是国际并购的"尽职调查"中起着非常重要的作用。跨境兼并激增再加上全球重要的财务报告准则和透明度要求的缺失，意味着企业为了证明其合法经营（而不是作为全球黑手党洗钱的前沿阵地），需要的材料远不止可获得的公开记录和公司声明。黑手党从事合法经营的说法是不是听起来不太靠谱？不应该——这种事情已经进行几个世纪了。

推动尽职调查发展的是大量私人资本（商业银行、风险投资公司、私人股权投资公司），这些私人资本寻求全球投资机会，并且把钱投到这样的企业：不在得到认可的证券市场上交易，面临的申报和公司治理规则不那么严格。

☐ 与灾难擦肩而过

一位德国主管回忆起公司在尝试收购匈牙利制造企业时险些与灾难擦肩而过的情景。

"表面上一切正常。这家匈牙利公司是私有的，但拥有经合法会计公司审计和批准的健康的财务状况。我们公司准备采取行动，但此时一位高级职员说他感觉某些地方不对劲。他在交易往来期间曾经见过很多匈牙利企业主管，他们的行为举止和商业知识与我们公司即将接管的匈牙利公司总裁的表现不太一致。

"我们与德国的一家调查公司签订合同，要求对这家匈牙利公司进行深入调查。只花了一个月时间他们就给出了令人大吃一惊的结果，同时也证实了我们的怀疑。的确，那个公司从总体来看是合法的，公司的生产能力没有问题，但我们发现这家公司由俄罗斯黑手党成员用贩毒资金建立，目的是洗钱，并且在筹建公司时是从俄罗斯空壳风险资本公司处获得的贷款。

"在俄罗斯境内的交易中，我们和当地黑手党打过交道，并且我们再也不想和他们打交道，所以取消了这场交易，这使我们免于某些潜在的极大窘境甚至是可能出现的敲诈。有时候再怎么小心也不为过，一定要进行深入调查。"

■ 成本：昂贵商业机密的泄露

泄露商业机密和知识产权的潜在成本损失令人咋舌。令人惊讶的是，大部分情况是源于内部人员泄密，而不是因为外部的商业间谍窥探公司记录。

美国安全机构的调查显示：在过去一年里，三分之一的大型公司承认发现过员工把机密信息透露给公司外部人员；五分之一的公司发现安全系统遭到外界入侵。更令人担忧的也许是，2万名求职者中有三成的人承认可能会被引诱从公司偷窃。

在对《财富》世界500强企业的调查中，美国工业安全协会估计，美国公司每年由于商业机密失窃所蒙受的损失超过450亿美元。这些公司称，平均来说每个公司会遭遇2.5个未授权挪用专有信息的事件，每个事件所造成的损失估计超过50万美元，并且大多数事件发生在高新技术和服务行业。当然，有人损失就会有人受益。

在另一个调查中，美国西北太平洋国家实验室依据和美国联邦调查局（FBI）签订的合同，建立了一个经济损失模型，试图估计由知识财产盗窃引起的经济损失。此模型的结论是：每年因为知识产权的盗用而导致美国销售损失额超过6亿美元，并使得直接失去2 600个全职工作岗位。

美国国会为了阻止这种损失颁布了《经济间谍法》，该法案针对窃取商业机密的个人和公司制定了严厉的监禁和罚款措施。更重要的是，此法案拓宽了商业机密的定义，把可能为公司带来巨大收益的方法的创意也包括在内。以前，商业机密必须是已经取得专利权、著作权或已经投入使用的创意或方法。美国政府已经对许多大公司或行业间谍的案件提起公诉，国会证实，每年会对超过800起国内外经济间谍案件进行立案侦查。

注意 ☞

这不仅是美国才有的问题。欧洲议会发布报告声称，由于商业间谍，欧洲的贸易公司损失了几十亿美元。很多国家都不重视知识产权。

昂贵的失败和道德败坏：一些例子

对使用竞争情报的价值仍持怀疑态度的公司，或对他人利用竞争情报获利进行防范的必要性仍持怀疑态度的公司，这里列举了几个真实生活中的例子来说明情报失误造成的昂贵代价，坦率地讲，其中一些更多是与轻信相关，而并非所谓的间谍活动。

施乐公司在使用它所创新的技术上未能提防竞争对手。事实上，它邀请了竞争者参加产品展示，希望对作为 Mac 和 Windows 软件基础的图形用户界面（GUI）技术提出通用标准。对手应邀而来，但观摩产品后匆忙返回，最后凭借施乐公司的创新获得成功。

美国强生公司的泰诺是世界上产量最大的治疗头痛的注册非处方药品；然而百时美施贵宝公司在取代普通阿司匹林竞赛中却一度领先。起初随着达特利尔这种药品的研发，百时美施贵宝公司先发制人，打败了强生公司。然而，强生公司最终还是通过使用竞争情报使达特利尔失掉了市场。在了解到百时美施贵宝公司通常在纽约州的奥尔巴尼和伊利诺伊州的皮奥里亚测试上市新药品后，强生公司就迅速涌进这些试销市场且获悉了达特利尔的营销计划。强生公司在对泰诺的营销计划上实现了飞跃，而接下来发生的事就众所周知了。

曾经担任美国通用汽车公司副总裁和采购部经理的洛佩兹离开通用跳槽到了德国大众汽车公司。当他离开时，通用认为他携带专有文件、计算机硬盘以及供应商和成本记录潜逃，所以对其提起了诉讼。经过三年多的辩论，这起案件最终达成庭外和解。大众支付了 1 亿美元的赔偿金。因行业间谍行为在德国受到控诉，洛佩兹也从大众辞职（显然大众的管理层并不想其离开）。纵使洛佩兹道德缺失，随后他还是创建了一家咨询公司并且吸引了很多顾客。

伦理战斗：宝洁和联合利华相互诋毁

最近一个因道德败坏而付出巨大代价的例子是，日用消费品制造巨头宝洁——帮宝适尿布和汰渍洗衣粉的制造者，承认自己更精确地说是受雇于它的一家外部竞争情报公司，从荷兰竞争对手联合利华（立顿红茶、多芬皂的制造者）芝加哥办公室外面的垃圾桶里获取了文件。

宝洁同意支付给联合利华 1 000 万美元的现金，同时允许外部审计机构调查公司的产品研发和营销流程；这样做的目的就是，确保宝洁不会利用从联合利华垃圾箱里刨出的情报，此情报是关于新型护发产品的销售计划和研发细节的，总共 80 页。

宝洁解释说此文件经由外包商获得。尽管这种做法没有违反法律，但确实违反了宝洁的内部伦理准则，因而三名员工被解雇。随后业内专家赞扬了宝洁勇于承认道德过失的勇气。

据商业情报内部人士透露，很多大型跨国公司定期依靠分包商进行搜集商业情报的工作。分包商能用报表进行信息回馈，而对于如何获取这些信息，主承包商并不询问。这样公司就可否认违反自己的道德标准或法律。此种做法也为其提供了"合理的推诿"。

说来也奇怪，这并不是宝洁首次因获取竞争对手的商业情报而陷入尴尬境地了。早在 20 世纪 40 年代，一位宝洁员工就曾贿赂利华兄弟公司的工人，让其偷出几条正在研发的天鹅牌肥皂。随后宝洁就利用所得配方改进自己的象牙牌肥皂，但因为侵犯了利华兄弟公司的专利权，最终以宝洁向利华兄弟公司支付 570 万美元（相当于现在的 5 800 万美元）的赔偿金而告终。1943 年，利华兄弟公司和宝洁之间的案件在私下解决之前通过了审理和诉讼。这起案件在为目前纠纷提供了可怕对比的同时，也表明了商业间谍可能带来的影响。宝洁通过使用这种专利技术赚取了数百万美元，虽然为此付出了数百万美元的代价，但却使象牙牌肥皂成为公司的王牌产品和世界范围内最熟悉的品牌。而利华兄弟公司的天鹅牌肥皂却不会对象牙牌肥皂构成严重威胁。

对宝洁来说支付罚款和陷入窘境值得吗？答案是肯定的。"尽管利华公司通过法庭获得了资金赔偿，而象牙牌肥皂却赢得了市场。"宝洁公认的企业发展史《向前看》中写道。

私人部门以外——政府和商业间谍

在全球企业界，似乎每个人都在搜集他人的情报。冷战后，全球的政府部门就开始关注商业间谍了。

美国有国家情报局（NIS），法国有法国对外安全总局（DGSE），德国有联邦情报局（BND），以色列有军事情报部门所设的科技情报机关（LAKAM），韩国有国家情报院（NSP）。俄罗斯的苏军总参谋部情报总局（GRU），是前期情报机关克格勃（KGB）有关工业间谍的一个分支。上述机构的共同之处是：搜集外国公司的情报。

美国联邦调查局称已经意识到有 23 个国家正瞄准美国的商业机密展开行动。例如，外界广泛报道，法国经常性地在航空公司的航班上以及旅馆的房间内安装窃听装置，以便从选定的外国旅客和顾客那里获得经济和技术信息。

法国的大学甚至制定了专门为国有和私营公司培养商业情报专家的硕士学位计划。

埃施朗（Echelon）是冷战期间建立的秘密组织，由美国、英国、加拿大、澳大利亚和新西兰参与运行。欧洲议会调查了关于美国及其国家情报局就是利用该机构来拦截相关国际通信数据，并秘密搜集有关欧洲商业公司情报的控告。欧洲议会还声称美国利用埃施朗打败了欧洲财团——空中客车公司，并于1994年与沙特阿拉伯达成了大宗飞机交易。

尽管中央情报局（CIA）前局长詹姆斯·伍斯利在《华尔街日报》中承认，埃施朗过去被用来搜集欧洲公司的情报——多数情况是发现那些公司存在行贿行为——然而欧洲议会得出没有任何确凿证据能把埃施朗和商业间谍联系起来的结论。许多怀疑者并不相信这种说法。

不同国家对商业间谍的不同态度

尽管对许多公司而言，或许政府支持商业情报搜集的说法很可怕，但为了更长远的国家目标，政府和私人部门之间的这种合作关系在许多国家还是很常见的。其实，美国公司和政府之间的敌对关系，并非全球商业领域的规则，而更多的是一个例外。

□ 日本

在日本，政府和企业已经改善了商业情报搜集行为，使之成为一门艺术——部分原因是因为日本的文化，部分原因是由于历史的偶然。直到现在，日本都被公认为是建立公私伙伴关系以监视国外商业企业竞争对手的领导者。

日本在二战中战败，随后战胜国同盟就对其可能的军备重整施加了严格的限制。日本的国防开支不能超过国民生产总值（GNP）的1％。由于二战后缔结的条约禁止日本在军事领域进行有效参与，所以日本就将关注点转移到经济发展方面。同样该国的情报机构，KEMPEI TA，也被禁止搜集支持军事行动的情报信息。所以 KEMPEI TA 转而把精力集中于商业情报，并且领先于其他大多数国家情报机构长达几十年。

从文化角度而言，为推动有关国家经济安全和经济实力的长期联合议程，日本企业认为与政府合作不成问题。许多日本商人在政府开设的工业保护协会选修有关商业间谍方面的课程，该课程会讲授有关商业情报搜集的最新技术。

在日本行业内，商业情报的搜集像营销计划和财务规划所发挥的作用一样受到重视。通常不会把创新和日本企业文化相联系，然而，创新在商业情报领域却备受推崇。事实上，日本已经在很多现行实践中充当先锋了；并且其方法通常更为主动而非被动。

例如，日本公司经常会收购从事外观设计或生产技术研发的中小企业，因为从发展或竞争的观点来看，日本在这些方面最薄弱。为避免东道国政府对外资入股研发潜在军事应用技术的公司的限制，日本通常会购买这些公司的少数股份。日本公司的另一个目标是专门向高科技公司提供贷款的外国银行。在21世纪爆炸性的高科技市场中，这种做法很有效。因为高科技公司为了获得投资资金，需要使潜在的放贷者了解它们的经济潜力和新产品，这样拥有贷款银行的日本公司最后便可获取高科技情报。

□ 法国

当谈及搜集商业情报时，法国人对公私伙伴关系也不反感。法国公司通过购买外国公司主要的而非大多数产权，来补充政府商业间谍活动的不足。例如，在1990年，法国用于收购美国公司的支出超过120亿美元，首次超过英国和日本的总和。

20世纪90年代初期，公众的关注点在于法国政府的行动，当时法国的情报机构法国对外安全总局试图为境况不佳的法国计算机公司布尔电脑公司在IBM、得州仪器和其他美国电子产品公司的欧洲分公司招募间谍。碰巧，法国政府拥有该公司的大部分股份。

□ 巴西

新兴市场中迅速成为野心勃勃的大玩家的巴西，已经在许多与国外公司打交道的国营商业企业任命了曾经的情报官员。此外，国家企业文化也鼓励私人部门和公共部门之间的紧密合作。

情报搜集的伦理问题

一些商业情报领域的专家称，没有必要使用非法的或不道德的方式来搜集优质的情报。竞争情报专业人员协会指出，实际上使用非法手段获取商业情报就是一种失败——因为决策制定者所需了解的几乎所有涉及竞争环境的信息，都可以通过合法和道德的方式找到。

实践者指出商业情报搜集和商业间谍行为之间存在很大不同，尽管大多数非专业人士总会对两者一概而论。间谍行为是使用非法手段来获取情报的。

□ 违反伦理

行业内最常见的违反伦理的行为出现在这些方面：
- 歪曲事实。
- 秘密监视。
- 盗窃。
- 试图影响那些拥有重要信息的人的判断，例如行贿。

□ 明确的规定

为贯彻执行合乎伦理的情报搜集项目，公司必须就这些方面的管理情况作出明确规定：
- 在搜集信息的过程中决不能进行诈骗（例如在营销项目中摆出一副工商管理硕士的样子）。
- 出现不当影响，此时员工或公司的雇用代理人向拥有欲得信息的个人提供优待，诸如工作机会或现金。
- 隐蔽的搜集方式也不合适，例如对竞争对手新制造厂的施工场地进行空中摄影，迫使对手采取额外的保护措施。
- 主动提供的情报，比如收到对手战略规划的副本，此种情况下就应该即刻与本公司律师联系；并且在决策制定过程中不使用该规划内的相关信息。

预防道德缺失

在认识到搜集商业情报的重要性后，公司经理们如何才能保证始终符合伦理要求呢？在此为经理提几点建议：

1. 与业内遵守公认的行为准则的专业人员合作。比如，美国竞争情报专业人员协会其中的一条行为准则就是，禁止为获取情报而进行诈骗。

2. 阐明招聘程序。鼓励管理者不要问那些会使待聘员工泄露从前雇主那里获得的商业机密的问题。

3. 询问保密协议。如果新雇员和前雇主签署了保密协议，那么不要把他们安排在只有利用那些机密信息才能胜任的工作岗位上。

4. 要清楚你所认为的"商业机密"到底是什么。

5. 不要假定这些损失只会在总部发生。公司在世界范围内的运营活动都可能遭到入侵，并且最可能遭受损失的七个区域已经确定，分别为美国、中国、日本、法国、加拿大、墨西哥和英国。并不是因为这些地区不道德的情报搜集现象猖獗，而是因为它们通常是有价值情报的停留之处。

6. 用培训应对。培训具有强大的威慑力，可以避免公司成为目标而遭受情报泄露；并且在阻止公司构成对其他公司的有意或无意的泄密方面，培训起到了最好的震慑作用。

个人建议

涉及保护公司机密时，略带偏执可能大有帮助。坐在洲际飞机的头等舱里或在酒店房间内，国际商务旅行者很少会想到自己成为情报搜集的目标。然而，法国政府因在其航班头等舱的座位上安装窃听装置已经受到起诉。因为高管们频繁出入东京的酒店房间，日本也出现了类似的指控。在这里给出一些基本有效的建议：

1. 锁门。单靠计算机密码不能阻止蓄意入侵者盗取情报，同样也要使对硬件的访问变得尽可能困难。

2. 对机密计算机文件加密。

3. 在丢弃不需要的法律记录的全部纸质文件之前用碎纸机销毁。

4. 在不安全的环境中禁止谈论公司机密。

5. 确保国际谈判的翻译员是你的员工，而不是对方的。

6. 不要认为你的顾问和临时雇员在为你工作。

情报搜集的伦理准则

竞争情报专业人员协会是一家非营利的全球会员组织，致力于帮助会员培养搜集商业情报的能力。目前，竞争情报专业人员协会已经在 44 个国家内拥有超过 7 000 名会员。该机构还为会员确立了准则，对于如何在可能容易成为模糊区域的地方按照伦理搜集情报，此准则起到了引领作用。

□ 竞争情报专业人员协会的伦理准则

● 不断努力提升职业认可度及对它的尊重。

● 遵守国内外所有的适用法律。

● 在所有面谈之前，要准确披露所有相关信息，包括个人身份或组织。

● 要完全尊重对于机密信息的要求。

● 在履行职责时要避免利益冲突。

● 在履行职责时要提供诚实务实的建议和结论。

● 要在公司内部、第三方合约人甚至整个行业促进该伦理标准。

● 要忠实地坚持并遵守公司政策、目标和指导方针。

第十三章 电子伦理观—— 在行进中完成

仅仅以舒适和幸福为目标构建的伦理体系对牛来说足够了，对人则远远不足。——阿尔伯特·爱因斯坦

通信技术爆炸式的发展造成了个人与企业在伦理上困难重重的局面。互联网和电子商务伦理的完整规则还没有成文，而且这些规则也不总是能够得到执行。在互联网和电子商务发展的同时，个人、企业和政府也在构建相应的伦理观，这种观点并不过于偏离事实。

随着互联网和电子商务的发展，对消费者互联网隐私、职场隐私、伦理营销与员工私自使用工作场所通信工具的担忧已经出现。同时，很多在新经济中经营的大小企业发展迅速，以至于它们几乎没有时间，也可以说几乎没有意愿推进伦理的发展。

很多人批评新一代互联网企业家的伦理标准太低甚至根本不存在，这就是诸多的所谓网民问题。很多互联网企业家似乎对在资本市场上快速赚钱更感兴趣，而不是创建能获得长期经济价值的可持续发展的企业。《财富》杂志称快节奏的互联网世界创造了这样一种环境，即"可疑的伦理行为看上去更像正常情况"，甚至是必不可少的。

个人互联网伦理观：要在互联网中隐形吗？

通信技术使得个人变得几乎隐而不现，因此在利用互联网和其他现代化通信工具时这种情况使个人伦理失检行为变得如此有诱惑力。事实上，人们在上网和发邮件时经常留下"互联网足迹"，但是也存在如下情况，隐藏的身份、匿名邮箱账户的建立、使用匿名者网站（该网站可以对电子邮件地址和身份进行伪装）或者甚至在没有正当许可证的情况下把软件复制到你的个人电脑，所有这些给个人一种隐身的感觉。而隐身常常意味着人们可以轻易被诱至伦理失检的境地，甚至是非法行为。但是，这种观点并不是最近才形成的。

仔细考虑一下吉格斯与戒指的故事，2 400 年前，柏拉图常用这则寓言讨论监管缺失时人们倾向于做出不合伦理的行为。这个故事是这样的：

> 一天下午，牧羊人吉格斯在山洞里发现了一具尸体。尸体一丝不挂，只有一枚金戒指环绕指上。吉格斯取下戒指，戴在手上，来到了为当地牧羊人谈论邻里间各种事情举办的定期聚会。他摆弄着戒指时，聚会也进入了相当无聊的阶段，年轻的吉格斯发现，只要把戒指上的图章朝向里面他就隐身了。当他这样做时，聚会中的其他牧羊人依旧畅谈，就好像他已离开了帐篷。一旦他翻转图章，他又重新能被人看见了。这使他想到他可以利用这枚戒指拥有惊人的权力，并获得财富和尊敬。吉格斯在王宫中争得了一个职位。当他来到王宫后，他利用隐身之能诱奸了王后，谋杀了国王，并夺取了王位。

今天，当涉及人们在互联网中隐身的情况时，柏拉图想了解的问题仍然是一个合理的问题。柏拉图发出了下面的疑问：有人会如此正直以至于不利用这枚戒指吗？只有别人的监视才可使我们不胡作非为吗？给予正直的人像吉格斯那样的机会，他也会像吉格斯那样做吗？柏拉图的弟子之一格劳肯认为："每个人在心中都相信，对个人而言不公正比公正更有好处。"

苏格拉底驳斥了柏拉图的悲观观点，他认为，存在真实而永恒的善举，以及最崇高的美德。他还认为，正确的教育可催生对美德的接受和理解，以及对不道德行为的排斥。苏格拉底辩解道，不是所有的人，实际上，只有很少的人会做出吉格斯戴上魔戒后的行为。

苏格拉底的反驳言论接近今天的现实。尽管上网时有机会使自己隐而不现，但大多数人仍恪守伦理。

但是，吉格斯之戒与互联网并不完全等同，至少在职场的互联网使用中是这样。员工了解到（过程通常很艰难）他们远未达到上网与邮件往来时的隐身。大公司似乎认同了格劳肯的论断。比如，现在美国有四分之三以上的公司监控员工的电话、邮件、互联网活动和电脑文件。过去十年间这一数字已翻番，究其原因，是受雇主对生产率和责任的关注的驱动，也可能是受吉格斯之戒这则寓言的驱动。仔细考虑下面的例子：总部设在美国的化学巨子——道尔化学公司解雇了 40 名员工，原因是他们滥用公司邮件；施乐公司也解雇了 40 多名员工，原因是他们将每天 8 小时的工作时间用在浏览色情网站中。色情视频下载的现象如此普遍，以致施乐的电脑互联网堵塞而使员工收发合法邮件受到阻碍。

使其个人化

毫无疑问，在职场中，互联网危险而耗时。从过去三年公布的诸多调查中发现，似乎员工在提供互联网和电子邮件的公司中利用这些通信工具处理个人事务。

据《商业周刊》报道，80％的员工称他们使用公司邮件来收发私人信息。全球就业网站 Vault.com 提出 90％的员工在办公室里上网是出于私人目的。据国际数据公司报道，工作场所中生产率降幅的 30％～40％归因于员工在工作时间私自上网。

根据互联网监管的调查结果，员工在工作时 24％的上网时间与工作无关。互联网监管调查发现，普通新闻、色情内容与投资信息是三种最主要的非工作上网的组成部分。电子政策学会称 90％的美国员工承认在工作时间内存在娱乐性的上网，将近占他们上网时间的三分之一。

萨拉托加协会，一个互联网研究组织，也承认不受控制地私自使用将使企业付出生产率大幅下降的代价。事实上，如果同属一家公司的 1 000 名互联网用户每天私自上网一小时，那么公司每年在生产率上的损失会超过 3 500 万美元。

下面是一个滥用互联网造成潜在损失的好例子：当美国国会在互联网上详细公布了特别检察官肯尼·斯塔尔对美国总统比尔·克林顿及其诸多过失的最终调查报告时，一天就有不少于 1 350 万名员工上网浏览这份报告。咨询公司 NetPartners 估计，因员工上班时间私下使用互联网阅读这份报告而造成的公司生产率方面的损失达 5 亿美元。

上个例子同样可以证明，当政府公务员涉及职场滥用互联网时其道德水平与私人部门员工一样。

美国国内收入署因发现在七天的周期里其员工略多于一半的上网时间是出于私人原因而震惊。员工浏览的网站涉及股票交易、聊天室、流式媒体、体育、色情内容以及赌博。另外，对 82 000 封刚收到的邮件的调查发现有将近一半与业务无关。

一家大型的英国公司震惊地发现其公司服务器上竟有 18 000 页的色情内容。

电子邮件——伦理的含义

国际数据公司称，1.3 亿多在计算机工作站中工作的员工每天发送 28 亿条信息。听起来好像员工的工作效率很高，但这些邮件中的很大一部分实际上是出于私人目的发送的（备注：全球每天发送 1 830 亿封各种类型的邮件）。

除了因私滥用公司电子邮件外，不道德的员工可以发送邮件匿名控告其他员工的错误行为或是诋毁其声誉。华特·迪士尼公司的董事长迈克尔·艾斯恩称电子邮件助长了公司内部的紧张情绪；它已成为发生职场战争的主要原因，主要是因为个人行事草率并且不考虑回复时的语气。同样，电子邮件程序隐藏了发件人的身份，导致伦理问题，为在不被觉察的情况下诽谤他人提供了机会。

付出代价

允许员工滥用公司邮件系统，可能要付出高昂的代价。雇主对源自邮件信息或互联网色情内容的性骚扰索赔负有责任的程度，一般取决于行为的严重性和影响范围、雇主知情状况以及雇主的反应。有很多的例子可以说明关于不正当使用邮件和互联网是怎样给雇主带来责任的。比如，雪佛龙的一家子公司有一个帖子："为什么啤酒比女人好"，通过邮件系统传遍了公司。女性员工提出了敌意工作环境性骚扰索赔。该索赔案件最后以 220 万美元的代价达成庭外和解。

软件盗版：全球性灾难

最后一个问题是电脑软件非法盗版问题。国际规划研究公司估计，每年全球软件公司的损失高达 117.5 亿美元。一些国际商务专家认为，软件盗版提供了对地区商务伦理总的完备程度的有趣的一瞥。

目前在亚太地区，每年因软件盗版而造成的损失超过 60 亿美元，据报道盗版率最高的是越南（98％的软件为盗版）、中国（91％）以及印度尼西亚（85％）。亚太地区是唯一一个软件盗版率不断上升的地区，地区平均增长水平已上升到 51％。

在美国，四分之一的软件应用程序属于非法复制或盗版，导致了软件制造商 32 亿美元的收入损失。

该报告指出，东欧是盗版率最高的地区，盗版率为 63％。拉丁美洲以 58％位列第二，中东以 57％排在第三，第四名非洲是 52％，亚洲以 51％紧随其后。北美的盗版率最低，为 25％，接着是欧洲，盗版率为 34％。

企业如何反应

如果有问题的话，那么企业目前面临的问题是：应该针对技术滥用情况做些什么事情？从复杂的监控软件的销售量增长情况来看，对这个问题的回答已经足够充分了，这种软件的销售量年增长率超过了 50％。

大多数企业为控制员工不正当使用或者私自使用公司电子通信设备的情况付出了努力，已经制定了关于员工使用电子邮件、互联网与复制软件的政策。许多企业使用"拦截"软件来阻止与未授权号码的电话连接以及与未经许可网站的链接。很多企业试图以在上下午的几个小时里阻止向外发送电子邮件的方式限制互联网的不正当使用。

一项由美国管理协会、电子政策学会、《美国新闻与世界报道》杂志共同进行的调查发现，82％的企业监视员工在职场中的电子通信情况，82％的企业对收发电子邮件有正式成文的规定，77％的企业对互联网使用有成文的规定。

公司提出了监控员工的理由（以降序排列）：

1. 法律责任。
2. 安全忧虑。
3. 生产率衡量。
4. 遵守法律。
5. 业绩审查。

然而公司认识到，为完全禁止员工在工作时间私自上网而做的任何尝试都不切实际。如果员工不滥用程序，那么公司愿意适当容忍，对私自收发电子邮件的情况同样如此。

　　美国管理协会的调查同样发现，只有五分之一的雇主全面禁止员工出于个人目的使用办公室的互联网，65％的雇主允许一定程度的上网，但对上网可能访问的网站类型进行了限制。仅有12％的公司允许出于个人目的无限制地随便使用互联网。

　　至于电子邮件，39％的公司允许出于个人目的无限制地随便使用公司的电子邮件系统，24％的公司则对此完全禁止。

程度问题

　　一项由金融服务机构专家协会进行的调查发现，不考虑在工作时间上网冲浪使公司可能面临的巨大代价，仅有略过半数的雇员与雇主认为这有悖伦理（或许，一些程度的上网冲浪是可以的，但严重影响生产率时就违背伦理了）。58％的员工与56％的雇主认为工作时间的上网冲浪违背伦理。只有一半的雇主与45％的员工指出在工作时间私自进行电子邮件通信违背了商业伦理。

　　该调查有力地指出，有关职场中什么是符合或不符合伦理的行为，存在很多困惑与某种程度的不同的观点。非常有趣的是，对于限制员工登录特定类型网站的举措，雇主几乎不会因此受到太大阻挠。只有16％的员工与19％的雇主会将之视为严重违背了伦理。

　　但是，把资源耗费在监控软件与采取诸多针对电子邮件与互联网使用的严格书面政策上，会给企业带来某种风险。在工作场所暗中监视员工的可能的后果是全体员工意志消沉，并且伤害了雇主与员工之间的信任，这种信任对建设高效的企业文化十分重要，而高效企业文化将在长期有助于提高公司声誉，最终有助于提高公司盈利。

□ 员工的互联网行为

　　员工的互联网相关行为违背商务伦理的程度从最严重到很严重的排序为：

	员工的观点	雇主的观点
其他员工的骚扰邮件	91％	94％
通过公司邮件传播色情内容	85％	93％
利用公司资源私自上网	58％	56％
利用公司资源与工作时间收发私人电子邮件	45％	50％

□ 雇主的互联网惯例

雇主的互联网相关惯例违背商务伦理的程度从最严重到很严重的排序为：

	员工的观点	雇主的观点
监控员工的电子邮件	44％	33％
监控员工的上网内容	32％	28％
限制员工登录特定网站	16％	19％

有效的因私上网政策应包括哪些内容

电子政策学会认为以下这些要素对于在职场中确立上网与收发电子邮件的有效公司政策至关重要。

- 该政策应告知员工系统主要用于商业用途，并且公司拥有绝对的检查及审核权利并有权披露经系统发送与存储的所有内容。除了手册里的书面提示或其他书面材料提示外，公司还会通过编制好的信息向员工发送不间断的提示，每当员工进入系统时就出现在员工的显示器上。该政策也应明确规定雇主拥有获取任何进入系统的消息或信息的权利。

- 该政策应明确规定系统不应用于任何不正当的交流，例如，充满了贬义、污蔑、淫秽或不恰当内容的信息。

- 为了降低对任何合理的隐私权的期待，该政策不应对雇主为监控系统提出的理由进行限制，因为任何这样的限制条件都会被认为限制了员工对监控范围的认可。让员工清楚地知道，使用密码或者对电子邮件加密都无法限制雇主监控系统的能力。一个更谨慎、限制性也更强的方法可能是，确立一个与监控有关的可明确表达的企业目标，这样就可以阻止对隐私权的任何可能的期待。

- 要符合这种制度对非商业用途的限制，政策应与公司内部的其他交流方式一样，受到雇主禁止教唆规则的约束。此类规则适用于任何类型的教唆，无论是出于慈善、私人、商业还是工会组织的目的。
- 为了进一步降低合理的隐私权期待，该政策应包含这样的警示，即仅删除信息或文件不能将该信息从系统中完全清除。
- 为了进一步加以保护，雇主可能要用这样的形式，该形式要求员工签名以承认他们已阅读该政策，并且认可雇主拥有获取系统中信息的绝对权利。这也可以由登录系统的通知来完成。这些方法都会进一步降低对信息传送中隐私权的期望，也会阻止因员工不了解政策而提出的索赔。
- 该政策应明确违背政策会导致纪律惩罚，最严重时予以解雇。
- 电子通信监控应在这种监控对保护雇主的商业目标是必不可少的情况下受到限制。应该使用最不具备侵犯性的方法进行通信监控，并且应该避免对私人通信的过度侵犯。
- 为了减少诽谤的可能性或者对侵犯隐私权提出的索赔，披露从系统中获得的信息时应将知情人范围限制在那些在法律上有合法要求的人中。

资料来源：The ePolicy Handbook © 2001，Nancy Flynn，executive director，The ePolicy Institute，www. ePolicyInstitute. com.

国际商务伦理（第三版）

五种让员工遵守上网规定的方法

1. 制定书面的互联网政策，禁止员工使用公司的计算机资源访问不恰当的网站或者上传、下载不恰当的内容。

2. 明确传达这样的事实，即不能浪费公司的计算机资源，应严格按照获准的商业目的使用。

3. 推行旨在保持互联网复制无毒且干净的互联网语言和内容指南。

4. 任何时候都服从规则。通过监控与过滤软件来支持互联网政策。

5. 不要期待员工会自我培训。通过不间断地提高员工的教育水平来加强互联网政策。

在线互联网语言说明样例：

禁止员工发送或传播淫秽、仇恨、有害、恶毒、威胁、敌对、诽谤、粗俗、污蔑、亵渎，或是种族歧视、性别歧视以及伦理歧视的任何材料。

资料来源：The ePolicy Handbook © 2001，Nancy Flynn，executive director，The ePolicy Institute，www. ePolicyInstitute. com.

员工签字

最后，《电子政策手册》建议雇主确保每个员工都签署了公司电子邮件与互联网使用政策的确认声明书。该学会就员工签署的合适文件应包含哪些内容提供了一个很好的例子。

认可电子邮件与互联网使用政策

作为一位员工，我明白对雇主信息的保密和保护至关重要。我已经阅读并且明白了关于正确发送电子邮件与上网的雇主政策。

如果收到允许进入电子邮件、互联网或任何其他计算机信息电子存储系统的密码，我将仅在授权范围内使用。除了明确获得授权的情况外，我不赞同使用密码、获取文件或是检索任何留存的通信记录，除非雇主授权的代表已进行先期审核批准。如果我认为有人在未经授权的情况下获得了我的密码，我会立即通知信息系统。

我理解所有通过雇主打印系统或计算机信息系统存储、传输或接收的信息都是雇主的财产，并且应主要用于与工作相关的用途。我进一步理解，雇主授权的代表可以时不时监控雇主的打印系统或计算机信息系统以确保这些用途符合雇主的政策和利益。我更进一步意识到，对雇主提供的密码的使用在任何情况下都不能阻碍雇主获取电子通信信息的权利和能力。

我意识到任何违背雇主电子邮件或互联网接入政策的行为都可能招致纪律惩罚，最严重的情况包括解雇。

（姓名）＿＿＿＿＿＿＿＿＿＿＿＿

（签名）＿＿＿＿＿＿＿＿＿＿＿＿

（日期）＿＿＿＿＿＿＿＿＿＿＿＿

资料来源：The ePolicy Institute，www.ePolicyInstitute.com.

超越伦理观：对数据保护的全球性关注

互联网上最重要的问题之一就是对隐私权的保护，全球对"正确"政策的争论预示着国家之间的"互联网战"。无论哪个国家的互联网用户都经常称隐私保护是其最担忧的问题之一。很多网站借助在线注册、调查和表格搜集用户的个人信息。同时，用户信息也可通过系统中的"cookies"搜集。因此，可以理解互联网用户和政府对隐私泄露造成潜在损失的关注。

"cookies"是用于储存和检索客户连接端信息的服务端接口通用机制（CGI，最初读为"coopy"，代表通用网关界面）。另外，简洁而持续的客户端"标识器"大幅度地扩展了基于互联网的客户或服务器的应用能力。简单地说，"cookies"是这样一种机制，允许网站记录你的进出，通常不需要获得你的首肯或同意。

注意 ☞

由于允许存储网页信息以使其更易下载和转发，通用网关界面标识器有利于普通用户上网冲浪。人们可将大多数网络浏览器设置成对CGI功能进行提示或干脆"拒绝"cookies功能，但是这样一来，对网站的访问就会受到极大的限制。

但是，多大程度的保护才足够呢？对各种隐私与数据实施全面的保护行为正在成为全球越来越明显的趋势。目前，40多个国家已经或正在制定这类法律。把自我监管作为有力的法律保护和技术保护的备选方法没有起到作用。由于营销公司的伦理过失，尤其是在美国，在贯彻自我监管政策的时期，公众对隐私立法的支持与日俱增。

双击公司（Double Click）是一家总部设在纽约的互联网广告公司，曾计划在未征得顾客同意的情况下合并他们的离线与上网信息并将其卖给其他商家。由于公众和政府的强烈抗议，该计划被取消了。然后是Toysmart案，该公司曾计划抽取顾客资料卖给出价最高的人，同样，也没有征得顾客同意。很多互联网公司在伦理上的不可信，产生了下面的结果（柏拉图或许很高兴），即政府法规对保护互联网用户确有必要。

以欧洲为首

一份欧盟文件《互联网的非法与有害内容》或许最好地概括了政府对互联网的担忧：

- 国家安全（炸弹制造说明书、非法药物生产、恐怖活动）。
- 保护未成年人（滥用营销、暴力与色情等方式）。
- 保护人的尊严（煽动种族仇恨或种族歧视）。
- 经济安全（诈骗罪，对盗用信用卡的说明书）。
- 信息安全（恶意入侵）。

- 保护隐私（未经许可传播个人资料，电子骚扰）。
- 保护声誉（诽谤，非法的对比广告）。
- 知识产权（版权作品、软件和音乐的未授权经营）。

1998年10月，欧盟通过了《数据保护指令》，相比世界上的其他地区，该指令更严格地限制对从客户和雇员处搜集到的个人信息的二次使用。要求所有个人资料的处理程序必须保证资料当事人可获得其个人资料，有机会改正数据，被告知数据将如何使用以及在资料披露给他人前选择退出的权利。

尽管该指令重复了在很多国家已经到位的自我监管准则而不是自愿准则，但是它跨出的步子更大。该指令禁止将欧盟公民的个人资料传递给那些在欧盟的数据保护充分性测验中不合格的国家。从本质上讲，该指令使欧盟成为衡量他国隐私保护完备性的法官和陪审团。欧盟设立了一系列的委员会调查全球其他地区的数据隐私政策是否到位，并且会在委员会调查结果的基础上做出决议。然而欧盟执行决议的能力值得商榷。

其他国家正在仿效欧盟的方法，并采取新法律和新技术措施保护隐私，但是美国由于倾向于行业的自我监控而在全球对隐私保护的争论中变得越来越孤立。

因为欧盟完全致力于实施《数据保护指令》而其他国家无法通过政府或行业监管充分解决资料隐私问题，因此这将给国际公司和跨国界数据流动带来具体的经济后果。比如：

- 在欧洲开展业务的航空公司与连锁酒店可能发现自己不能把游客饮食、座位以及其他偏好的资料传递给本国的预订系统。
- 制药公司可能发现自己不能在其他国家分享欧洲研究者的试验结果。
- 全球保险与再保险公司可能受到阻碍，将因不能获得相关资料而无法恰当评估欧洲客户的风险。
- 想在欧洲开展业务的投资银行家会发现自己不能搜集并传输客户想购买的有关欧洲公司职员的数据。
- 国际会计师事务所可能被禁止审计涉及欧洲居民的交易。

警告☞

欧洲可能最终因其对隐私保护的执着而付出巨大的代价。在技术已经严重落后的情况下，却对互联网服务增长施加更多的限制，这就是科技公司不愿落户欧洲的原因。

文化与法律：互联网版权

　　尽管有人对一套真正的全球性互联网隐私法以及互联网知识产权保护立法寄予希望，但是这种协调措施产生的可能性很小。原因何在？这是因为，不同的文化传统会导致保护相同产权的法律不同。以互联网通用著作权法的概念为例，不同的文化传统使得几乎不可能对其进行统一定义：

- 欧洲传统是强调作者的道德权利。这些权利与作者本人有关，并且涉及其作品的完整性与作者的身份以及其声誉。
- 英美传统强调财产或经济权利。这些权利可以转移。根据这种传统，"原创作者以任何有形的表达方式来表现原创作品"都应受到保护。
- 亚洲传统把复制视为是对原创作品的模仿。

日本的隐私权

　　继政府监督和行业自我监管之后，日本已经提出确保用户互联网隐私安全的"第三种方法"。电子互联网联盟委员会已研究出恰当方式以保护和管理日本互联网服务提供商搜集的个人资料，并且已经起草了在互联网时代保护个人资料的指导方针。该委员会是一个由新媒体发展协会管理的贸易组织，也是国际贸易与工业部（MITI）的一个临时性机构。电子互联网联盟共有 92 个机构成员，包括日本大多数主要互联网服务提供商。

电子互联网联盟的主要指导方针

　　1. 指导方针明确规定个人资料仅在征得相关个人同意的情况下才能被搜集。比如，这个规则被用于 cookies，因为使用 cookies 搜集个人网页访问的历史信息的模式很可能是"在未征得相关个人同意情况下"进行。

　　2. 指导方针阐明禁止使用个人资料的权利；在未经相关个人的允许下互联网服务提供商已获得的个人资料不能由第三方使用，也不能转让给第三方。

　　3. 为确保妥善管理个人资料，机构内部知晓指导方针目标并有能力实现这些目标的经理，应被委任去管理个人资料。

　　4. 隐私信息管理系统 P3P，现在已经可以从互联网上获取并可以用于向电子商务提供帮助和指导。

　　日本信息处理发展中心（JIPDEC）为紧跟欧洲的步伐，在国际贸易与工业部为私人部门准备了电子商务中个人数据相关保护指导方针后，付出的另一个努力是已经开发了隐私标识器。遵循该指导方针的私人企业可获准使用隐私标识器。

首席隐私官：爱心长者

首席隐私官的职位在 20 世纪 90 年代中期还不为任何企业所知，但现在，被认为是大小企业中主要的管理和督导部门。在诸如 IBM、美国运通、通用汽车以及美国电话电报公司等跨国公司中已产生了成百上千的首席隐私官。

该职业需要通晓技术与法律，一般使个人参与一系列的企业运营活动，从产品研发到人力资源。首席隐私官监督公司的隐私政策和惯例，监管企业处理顾客和员工保密信息的程序。

首席隐私官应将最大的忠诚给予公司的顾客与商务伙伴。首席隐私官必须确保有正确的方法防止资料落入不应看到之人的手中，然后使公司合乎法律、提高安全性并协助公司开展业务。下面的例子对首席隐私官职位进行了职业描述：

首席隐私官

职位描述

直接监督人：首席执行官，高级主管

总目标：隐私官根据联邦法律和州法律以及卫生组织的信息隐私权规定，监督所有以下正在进行的活动：涉及对病人健康信息进行开发、实施和维护的活动，涉及遵守机构规定和对病人健康信息隐私施加保密程序的行动，以及涉及病人健康信息获取的活动。

责任

- 在机构管理部门和行政部门、隐私监督委员会以及法律顾问的配合下，提供发展指导，并在确认、实施和维护机构信息隐私政策和程序方面给予帮助。
- 与机构高级管理层和企业合规主管一起建立全机构范围内的隐私监督委员会。
- 在隐私监督委员会的活动中发挥领导作用。
- 对信息隐私风险进行首次与定期评估，并开展与实体其他规定及运营评估功能相协调的持续合规监督活动。
- 与法律顾问、管理层、主要部门和委员会一同确保机构拥有并维持了恰当的隐私和保密共识、授权书以及反映机构目前情况与法律实务及法律要求的信息通告和材料。

● 面向所有员工、志愿者、医疗及专业人员、承包人、联盟、商业伙伴及其他恰当的第三方，监督、指导、履行和确保基本隐私培训和情况介绍。

● 参与制定、实施并持续遵守那些监督所有贸易伙伴与商业伙伴的协议，以确保所有对隐私的关注、要求与责任都能得到处理。

● 在机构范围内并且按照法律要求，建立追踪受保护信息的管理和运行机制，并且允许有资格的人员核实或接受关于这种活动的报告。

● 与其他类似机构（必要时包括法律顾问）协调或合作，建立和管理一个接受、记录、追踪、调查以及对所有涉及机构隐私规定和程序的抱怨采取行动的处理流程。

● 对于机构全体成员、扩展部门的全体员工，以及对于所有与人力资源部、信息安全主管、管理部门及合适的法律顾问合作的商业伙伴，确保服从于隐私惯例，同时确保不能遵守隐私政策会受到持续的制裁。

● 在机构和相关实体内部，启动、促进和推动那些培养信息隐私意识的活动。

● 检查遍布机构互联网的所有与系统相关的信息安全计划，以确保安全与隐私惯例的一致性，并充当信息系统部门的联络人。

● 坚持目前对适用的隐私法和认证标准的理解，监管信息隐私技术的进步，以确保机构的适应性与合规性。

● 担任机构的所有部门和合适实体的信息隐私顾问。

● 同机构管理部门、法律顾问以及其他相关机构一起维护与负责采纳或修订隐私法律、规章或标准的外部当事人（国家、省或州、地方政府机构）相关的机构的信息隐私利益。

个人计算机伦理十戒

计算机伦理协会已想出了基于常识和基本伦理行为的"信息处理十戒"：

1. 不应通过电脑危害他人。
2. 不应妨碍他人操作电脑。
3. 不应窥视他人的电脑文件。
4. 不应利用电脑进行偷窃。
5. 不应利用电脑作伪证。
6. 不应复制或使用你未付款的专利软件。

7. 不应在未经授权或未给合适补偿的情况下，使用他人的电脑资源。

8. 不应盗用他人的智力成果。

9. 应考虑一下你编制的程序或你设计的系统的社会影响。

10. 在使用电脑时应表现出对同行的关心和尊重。

互联网营销准则

很多国际机构已经制定了供全球使用的互联网广告与营销准则。大部分准则基于国家隐私法以及与非互联网营销领域相关的行为准则。大多数准则涉及一系列伦理问题，包括对用户个人资料的保护以及针对儿童的信息保护。如果通过信件、电话、传真或其他媒介进行营销，这些准则建议遵守一切适用法律与法规，不使用那些不合法的互联网营销。这些准则的目标是：

● 增强公众对互联网广告和营销的信心。

● 在保护言论自由的同时，防止广告公司和商家滥用言论自由。

● 避免政府对媒体立法。

● 遵守顾客权利和隐私权期待。

这些准则认为应当对从顾客处搜集到的信息保密，并仅供表达之用。所有资料，尤其是保密的顾客资料应该受到保护，未经许可不能使用。同时，他人希望你对他主动提供的电子邮件信息发送自动回复的愿望也应得到尊重。

国际商会

总部位于巴黎的国际商会（ICC）已为互联网广告和营销制定了一套指导方针，供全球使用并作为国家行为准则的基础。很多主要的跨国公司已经对这些指导方针表示赞同，包括邓白氏公司、伊士曼化学公司、李奥贝纳公司、英国雀巢、读者文摘和壳牌国际公司。比利时、荷兰、瑞典、瑞士和美国的广告与其他商业协会也对这些指导方针表示赞同。

ICC 准则可概括为以下几点：

1. 所有广告与营销均应合法、得体、诚实、真实并遵守伦理营销认可的准则。

2. 不应以损害全体公众对互联网作为媒介和市场的信任的方式设计或传递信息。

3. 商家应公开其身份。

4. 如果可能的话，商家应明确告知用户获取信息的费用是多少。

5. 商家不应滥用公共论坛，不应将广告公布于非商业性质的网站和论坛上。

6. 公布隐私政策时必须做到清晰明确。

7. 用户的权利应受到保护，商家应披露搜集个人资料的目的和潜在用途。应采取合理的预防措施保护资料档案的安全。

8. 商家不应将未征得同意的信息发送给用户，用户可以通过简洁可靠的方式选择不接受商家的申请。

9. 当营销或广告涉及儿童时，必须给予特别关注，包括鼓励儿童做到征得父母同意后回复信息以及向父母提供关于如何保护儿童互联网隐私和身份的信息。

经济合作与发展组织

下面是经济合作与发展组织"在电子商务环境中的消费者保护准则"。

制定这些准则的目的在于确保消费者网购时受到同等程度的保护，就像在当地商店购物或订购商品目录中的货物时那样。该准则的核心特点是对在线 B2C 交易的消费者进行有效保护，该准则意在通过这一核心特点帮助消除在互联网买卖时消费者与企业都会遇到的不确定性。该准则旨在鼓励公平的交易、广告和营销惯例；提供有关互联网公司身份、互联网公司所售商品或服务以及交易的条款和条件的明确信息；使确认交易的流程透明化；提供安全的付费机制；提供公平、及时而且负担得起的纠纷解决机制和损失赔偿；保护隐私；对消费者和企业进行电子商务方面的教育。该准则可以概括为以下几点：

1. 参与电子商务的消费者应得到透明和有效的消费者保护，这种保护程度不应低于其他形式的商务。

2. 从事电子商务的企业应照顾消费者的利益，依据公平交易、广告和营销惯例行事。企业不应做任何掩饰或遗漏，不应从事欺骗、误导、虚假或不公平的业务。

3. 与消费者打交道的电子商务企业应提供关于自身准确、清晰且易于获得的信息，起码包括以下几点：

- 企业的身份证明，包括企业的合法名称以及企业进行交易时的名称。
- 消费者与企业迅速、简单且有效的交流。
- 合理且有效的纠纷解决方法。
- 法律服务流程。

● 企业定位及其负责人。

4. 与消费者进行电子商务往来的企业应提供准确且易于获得的描述企业所售商品和服务的信息，并使其足以令消费者做出是否交易的明智决定，并且使消费者连续获取此类信息的充分记录成为可能。

5. 从事电子商务的企业应提供与交易有关的条款、条件和成本的完备信息，以使消费者做出是否交易的明智决定。这些信息应包括：

● 总成本。

● 交付条件或产品性能。

● 付款的期限、条件和方式。

● 购买的约束、限制或条件。

● 正确使用须知，包括安全与卫生保健警告。

● 售后服务信息。

● 与收回、终止、交换或归还有关的条件。

● 保证书与担保。

6. 为避免混淆消费者想购买的商品，消费者应在购买前明确知道自己想购买的商品或服务，能够对其进行识别并改正错误或是修改订单；同意购买时应明智和谨慎，保留关于交易的全面而准确的记录。

7. 应给消费者提供易于操作而且安全的付款机制，以及有关该付款机制安全程度的信息。

8. 应向消费者提供公平及时的纠纷解决备选方案和损失赔偿，而且不附带过高的费用或负担。

9. 应依据公认的隐私原则进行 B2C 电子商务，这些原则形成于经济合作与发展组织隐私保护管理和个人资料跨界流动的指导方针以及经济合作与发展组织关于全球互联网中隐私保护的部长级宣言。

10. 政府、企业和消费者代表应同心协力对消费者进行电子商务方面的教育，促使参与电子商务的消费者做出明智的决定，增强企业和消费者对适用于他们的互联网活动的消费者保护机制的认识。

互联网隐私监管的利弊

关于政府是否应该监管互联网营销和隐私政策，全球很多国家存在争论。欧盟已经解决了这个争论，决定并宣布支持相对严格的政策，该政策旨在确保消费者隐私权以及互联网商家的业务守则和伦理准则。简而言之，下面是政府监管与行业或私人监管的支持和反对意见：

□ 对行业监管的争论

基本的观点认为，自由市场是有效的。技术只能在自律环境中得以繁荣发展，这种环境中不存在通常由政府管制和约束造成的高成本，并且该环境能够适应快速的变化。那些支持自我监管的人认为，对目标营销的限制以及监管的成本可从根本上改变市场环境，将其从一个非常"自由的"市场转变为"现购现付"的服务，导致增长和创新受到抑制。最后，对政府没有表现出在监管上的专业技能——与复杂易变的市场环境保持同步，人们表现出了忧虑。

□ 对政府监管的争论

主要理由集中在行业缺乏自我监管的意愿，通常也缺乏采取最低限制方法的意愿。对这些行业而言，调控和政府都会阻碍发展，而并非成功的保证。到目前为止，自我监管在一些国家还没有充分发挥作用。那些支持政府加大干预的人认为现在的体系不仅没有充分处理好隐私问题，事实上是在处罚那些试图这样做的人。比如，如果公司不能遵守公布的隐私政策，美国联邦贸易委员会可以在其职权范围内制裁具有"欺诈性贸易惯例"的公司；没有任何政策的公司可以逃脱所有监督和处罚。另外，如果通过强迫用户在每次登录时学习新隐私政策、阅读细则，那么自我监管就无法保证有意义的隐私保护所需要的一致性。除非顾客知道自己的权利受到法律大力保护并且有地方进行索赔，否则顾客不会信任隐私保护。

注意 ☞

如同很多国际法律困境一样，没有人清楚如何执行全球互联网政策。尽管法国法院裁决限制雅虎的拍卖网站，但美国法院却加以否决，并称法国无权也无力控制在美国国内运营的美国公司。

第十四章 | 全球的贿赂和腐败——
伦理价值几许？

面对最高出价的诱惑，极少有人具有抵御的美德。——乔治·华盛顿

世界上很久之前就变富的经济体，对其公司在国际谈判中的行贿请求不胜烦扰，因为行贿对公司的规划和运作来说是非常缺乏效率的手段。然而，公司也认识到，行贿受贿双方都有伦理的失败之处。需求方（接受或索取贿赂的官员）和供给方（大小公司）共享了过失，尽管过失大小不同。为了消除腐败，供求双方需一并受到关注。

行贿和腐败：随处可见

对国际商务行贿的攻击是双重的。首先，国家和公司都已经得出结论：向行贿和腐败宣战不再只是一个道德和伦理上的必行之事，而且也是经济的底线问题。其次，富有经济体的政府认识到，那些经常以腐败为标准行事方式的穷国，没有理睬它们发出的停止行贿的要求。

国际腐败指数

透明国际是一个非政府组织，致力于加强政府的责任并制止国际和国内的腐败，目前是世界上最著名的跟踪腐败的非政府机构。透明国际的总部位于德国柏林，在77个国家有分会，其愿望是消除全世界政府、政治活动、商务活动、国内事务和人民日常生活中的腐败。

透明国际编制备受关注的腐败感觉指数（Corruption Perceptions Index，CPI）已经十多年了。用腐败感觉指数度量腐败的感觉，恰如其名中所指的"感觉"，告诉政府首脑们世界各地的国家分析员和商务人士如何看待他们的国家，但是，这是一个极其重要的指标，因为CPI的方法论建立在针对每个国家的系列调查的基础之上。

CPI指标对102个国家（地区）进行了排名，世界上一些最富有的国家（地区），例如芬兰、丹麦、新西兰、加拿大、冰岛、新加坡和瑞典，可以得到最高分为10分的廉洁分中的9分或更高，说明腐败感觉处在非常低的水平。但是，有70个国家（地区），其中多数位于世界上最穷的地方，得分少于5分，这意味着在政府和公共管理领域，腐败感觉很强烈。得分少于5分的登记国家遍布世界各大洲，包括美洲国家组织的成员国和欧盟的成员国。得分为2分或更少的国家是安哥拉、阿塞拜疆、肯尼亚、印度尼西亚、马达加斯加、尼日利亚、巴拉圭和孟加拉国。

注意 🖝

出于良好的意愿，透明国际必须不断增加对其美德名单的耐心，"名字加耻辱"的方式对例如俄罗斯或尼日利亚这样的"腐败政府"几乎没有效果，甚至对例如中国这样的国家也很少有效，因为这些国家的数据的可获得性受到了限制，透明国际可用的数据很有限。

谁腐败，谁不腐败？

根据透明国际最近发布的CPI指数，最腐败和最不腐败国家（地区）的名单如下：

最不腐败的国家/地区 （第一名为最不腐败）	最腐败的国家/地区 （第一名为最腐败）
1. 丹麦、芬兰、新西兰（并列）	1. 索马里
4. 新加坡、瑞典（并列）	2. 缅甸
6. 冰岛	3. 伊拉克
7. 瑞士、荷兰（并列）	4. 海地
9. 加拿大、挪威（并列）	5. 乌兹别克斯坦、汤加（并列）
11. 澳大利亚	7. 苏丹、乍得、阿富汗（并列）
12. 卢森堡、英国（并列）	10. 老挝、几内亚、赤道几内亚、刚果民主共和国（并列）
14. 中国香港	14. 委内瑞拉、土库曼斯坦、巴布亚新几内亚、中非共和国、柬埔寨、孟加拉国（并列）
15. 奥地利	20. 津巴布韦、塔吉克斯坦（并列）
16. 德国	
17. 爱尔兰、日本（并列）	
19. 法国	
20. 美国	

对镜自检：腐败晴雨表

记住，行贿和受贿实际上是一个两面都是人头的伦理硬币。透明国际委托盖洛普国际协会对 14 个新兴市场国家的私有部门领导进行深度调查，这些国家即印度、印度尼西亚、菲律宾、韩国、泰国、阿根廷、巴西、哥伦比亚、匈牙利、波兰、俄罗斯、摩洛哥、尼日利亚和南非，合起来在所有新兴经济体中占有的份额超过 60％。

在发展中国家中，由国际公司支付的贿赂规模十分巨大。在领先的工业化国家中，大部分政府抑制国际腐败的措施并不多。在领先的新兴市场国家中，商业执行者和商务专业人员认为国际行贿在公共工程和建设领域最严重，紧随其后的是军事工业。

透明国际的腐败晴雨表是度量行贿供给方的开创性工作：衡量新兴经济体中领先出口国的公司支付贿赂的相对倾向。这个调查以及针对商业部门的调查的缺点是，主要关注大规模商业交易。10 分代表可感知的行贿水平微不足道，而 0 分表示调查结果反映出非常高的行贿水平。下面是一张样表，更详细的内容可访问 www. transparency. org。

腐败排名		
1. 澳大利亚	8.5	行贿较少
2. 瑞典、瑞士	8.4	
4. 奥地利	8.2	
5. 加拿大	8.1	
6. 荷兰、比利时	7.8	
8. 英国	6.9	
9. 德国、新加坡	6.3	
11. 西班牙	5.8	
12. 法国	5.5	
13. 日本、美国	5.3	
15. 马来西亚、中国香港	4.3	
17. 意大利	4.1	
18. 韩国	3.9	
19. 中国台湾	3.8	
20. 中国大陆	3.1	行贿较多

什么引起受贿?

由透明国际发起的针对新兴市场国家商业领袖们的第三次调查也显示，这些商业领袖们感觉腐败正日益严重，他们将公共部门官员的低工资列为引起腐败的主要原因。而证据表明，许多公共部门的官员相信，他们不仅能够确保自己被免于起诉，而且能够确保自己的犯罪行为被揭露的机会很小。从需求方与腐败展开斗争的有效方式是提高公共服务部门的工资，这将转而提高政府税收征收额（征税所得变成政府资金而不是进入公务员的口袋）并为公众提供更好的服务。

- 公共服务部门的低工资。
- 公共部门官员的豁免权。
- 政府的秘密。
- 贪婪。
- 公共采购世风日下。
- 外国投资和贸易的增加。
- 媒体功能受限。

不公平的做法或商业悟性

一些国家、文化和政府所认为的善良和有道德的商业做法,意图宣扬它们国家公司的竞争优势,但经常被看作恰好起了相反作用——与不道德为邻并对本国公司提供了对其竞争对手而言不公平的竞争优势。

透明国际腐败晴雨表的响应者,认为民主或政治压力是国际商务中除贿赂之外最不公平的做法。今天的现实是,几乎所有国家都利用自己的驻外大使馆,尤其是商业部门来构建和保障本国公司的商业机遇。其中一些外交服务机构能够比另一些做得更有效率,并且,一些国家,尤其是工业化国家中的大国,有更强的政治影响力,可以很好地加强其公司在竞争中的位置。

来自小国的竞争公司,已经把这个观点对准自己,认为它们必须使用贿赂来克服由其他国家公司使用外交或政治压力带来的影响。从伦理上说,这是很难进行裁决的争论。无论外部环境如何,认识到存在不公平的做法,都不是贿赂的理由。

通过压倒性的差额,发展中国家的商业领袖挑出了美国,将其作为最频繁使用类似外交和政治压力的工具以确保自己国家公司的"不公平"优势的国家,同时也是最能够有效率地使用上述手段的国家。法国和日本并列第二。当然,具有讽刺意味的是,尽管法国人和日本人的政府与本国商业有更密切的关系,但在美国,大商业和政府的关系经常被视为敌对关系。

对使用经济和政治压力,发展中国家援引的国家(地区)有:

1. 美国		
经济和政治压力	61%	使用较多
2. 法国	34%	
3. 日本	34%	
4. 中国大陆/中国香港	32%	
5. 德国	27%	
6. 意大利	24%	
7. 韩国	24%	
8. 英国	23%	
9. 西班牙	17%	
10. 马来西亚	16%	
11. 中国台湾	16%	
12. 新加坡	13%	
13. 比利时	9%	
14. 澳大利亚	8%	
15. 加拿大	8%	
16. 瑞士	8%	
17. 荷兰	8%	
18. 奥地利	7%	
19. 瑞典		
经济和政治压力	6%	使用较少

注意 👉

发展中国家面临着自己的伦理困境。尽管它们对富有经济体强加给它们的经济和政治压力感到不满，但是它们更希望接受支撑其政权的援助。令人悲哀的是，许多这样的援助从未到达被提议的接收人处，而是相反，被吸进它们政治领袖和官僚的秘密银行账户中。

商业、金钱和政治

不管合不合法，在例如美国、英国、法国、德国和日本这样的民主堡垒中，大商业企业通常也是政治竞选的最大捐款者，目标是在未来立法决策中赢得影响力，这些捐赠也并不总是商业决策的"交换条件"。

尽管有国际惯例禁止为政府官员结账，但是没有惯例禁止公司向外国政治团体捐款。对处理公司向外国政治团体捐款，温和的努力正在促成一套全球性标准，但是，巨大的障碍仍然存在。许多国家会将这样的尝试看作干涉内政以及干涉其他国家的政治和选举体系，即使国家的政府构成形式一致，这样的情况仍可出现。找出一套放之四海而皆准的伦理指导方针，是非常巨大的挑战。

主要的反行贿和反腐败斗争

经济合作与发展组织和联合国通常被看成是与腐败作斗争的主要多国组织。1977 年通过引入《反国外腐败法案》，美国成为了第一个将本国公司的海外行贿列为非法的国家，这个做法很快被经济合作与发展组织效仿。

在国际商务事务中，《经济合作与发展组织反行贿公约》被看成是与贿赂和腐败作斗争的关键性国际公约。尽管所有的国家都有某种法律反对向政府官员行贿，公约仍然要求签约国通过国内法律认定行贿外国公务人员是犯罪。经济合作与发展组织全部 30 个成员国以及四个非成员国（阿根廷、巴西、保加利亚和智利）已经签署了公约。

公约正在产生一种影响力——至少对贿赂行为中的供给方。在经济合作与发展组织公约于 1999 年生效前，法国、日本和德国的公司都一直能够对其海外行贿额在本国进行税务抵扣。在规制和法律范围，谢天谢地那个时代终于结束了。另一个关键性的多国政府倡议是成立有 31 个成员国的金融行动特别工作组，主要关注洗钱，尤其是来自非法毒品贸易的钱，洗钱行为被看成是引起许多国家腐败现象的根源之一。问题有多严重？国际货币基金组织已经阐明，世界各地洗钱的数量总和大约占到全球国内生产总值总和的 2%～5%。这个比重说明洗钱总额在 5 900 亿～15 000 亿美元之间，而 5 900 亿美元大致相当于西班牙整个经济的总产出。据联合国估计，非法毒品交易中仅零售收入就有 4 000亿美元，几乎是合法制药产业收入的两倍。

第十五章 区域伦理：日本、俄罗斯和伊斯兰银行伦理概览

> 追逐名誉和财富的人如果无德、失职与欺骗，往往难以如愿。通过偶然运气获得的暂时名誉和财富，就像空中的浮云，很快就会消失在狂风之中。——涩泽荣一（1841—1931 年），很多人认为他是日本资本主义之父

人们秉持的价值观，无论是有意还是无意，都影响着人们的行为并最终决定其伦理观。今天，国际化商业人士必须清楚地知道自己所属的伦理价值体系。通常可以从宗教传统和哲学中发现线索。

比如，很多西方工业化民主国家的伦理体系是基于基督教义和圣经主题。中国大陆、中国香港、韩国、新加坡、中国台湾、越南和日本处于共同的文化体系之中，其基础是先哲孔子和释迦牟尼的学说（很多人视这些学说为民间宗教）。

■ 日本的伦理观：儒家思想的影响

20 世纪 90 年代，日本已处于对伦理观的忧虑之中。政治丑闻和公司丑闻频繁登上报纸头条。三菱公司四位高管被指控隐瞒汽车缺陷。其他大公司，诸

如普利司通、三菱电机和三洋电视也被指控掩盖轮胎、太阳能电池系统、电视中的缺陷。味之素公司、高岛屋百货、野村证券向敲诈勒索者提供好处，在没有足够抵押品的情况下日本第一劝业银行向敲诈勒索者提供巨额贷款，以及媒体披露的住友商事公司不公平的铜贸易。回扣丑闻以及买通黑帮使得日本的主要政党也声名狼藉。

以上案例意味着什么呢？日本人正面临伦理崩溃吗？确实如此，有些人不会对社会中的不道德行为感到不安，这与其他国家不讲道德的人一样。提供慷慨商业馈赠、奢侈商业招待和公司交叉股权的日本人比其他文化更不符合伦理吗？

记住，商业中没有绝对的伦理，答案应是大大的"不"字。但如果你问日本人在涉及商务伦理时（就像许多其他亚洲文化）是否遵循不同的方式，答案就应是"是"。有一点是清楚的，即随着商业全球化的推进，日本维持团体和谐与留面子（在本国受到别国孤立时，这是高效的社会和政治制度）的基本原则在当前国际商务环境下，只能说是利弊参半。

□ 互惠伦理观

正如上面提到的那样，一种文化中的主流宗教哲学对个人的商务伦理态度的影响比大多数人想象的要大，即使此人不是虔诚的宗教追随者。这在日本尤为正确，日本文化深深地根植于儒家学说中。

儒家思想起源于中国，关注建立有序家庭与按明确权利等级组成的和谐社会。日本人认为长期的、有来有往的关系是和谐社会的特征。

根据孔子的观点，事物与人都遵循"中庸"之道，它存在于互惠或合作的关系之中。遵循"中庸"之道，一切繁盛都会延及余众而且没有冲突与伤害。因此，遵守"中庸"之道的人在思考和处事时采取符合社会标准的方式。

从传统上讲，日本的经理通常质疑欧洲和北美的基本商业惯例，例如裁员、并购和股东所有权；这些行为被视为违背了"中庸"之道，因此，近乎为不道德行为。对于日本商业人士来说，互惠伦理把员工和企业紧密地联系在了一起。

将"中庸"之道与团体和谐和明确的权力等级的要求联系起来，就不难理解为什么在日本企业里员工不可能揭发老板违背伦理的行为。实际上，这不仅不可能，而且揭发行为本身就被看成是不道德行为，即违背了"中庸"之道。

因此，"集体主义的"日本人较难使自己远离工作单位，并且相比更加"个人主义的"北美人或欧洲人更可能受到这些机构规范的影响。

20 世纪 90 年代严峻的经济现状使曾经无所不能的日本公司陷入瘫痪，并且暴露出潜在的财政不足问题。曾经不可想象的失业问题现在也成了常事。

□ 实际运用

随着商业全球化的推进、来自外国股东的压力的增加与全球商业伦理准则运动的发展，日本公司和政府目前正努力使这些准则与传统文化相结合。正逐步达成一种共识，即日本传统的伦理观与法律的关系不再能很好地服务社会了。

日本企业调整商业伦理观耗时更长的部分原因是，它们受到消费者检查的程度不如北美和欧洲企业严格。同时，终身雇用的文化观念和严格的年资制度导致企业不愿适应全球运动。企业不必自寻对策，而是遵循强大的政府部门制定的规则就可以了。

问题之一是目前大多数日本企业运用的伦理准则过于模糊和抽象，靠的是员工心知，而不像大多数北美和欧洲企业那样具体讲明要求事项。事实上，日本经济组织联盟做的一项调查发现，在 700 家被调查的企业中有 60% 的企业计划引入或修改伦理观和行为准则。

由于社会具有的集体主义性质，以及企业政策——不是个人伦理准则——是影响日本企业制定伦理决策的关键因素这一事实，日本企业有必要使社会责任和商业伦理观的观点制度化。为使强有力的伦理模式扎根日本，日本企业必须使伦理标准融入它们的企业文化之中。

俄罗斯的伦理观：处于道德真空中

仅仅十多年前，前苏联中央政府还是企业的中心。它拥有并控制了从最小的零售商店到最大的军火工厂的所有企业。1991 年几乎是一夜之间，前苏联拥有 70 年历史的社会结构土崩瓦解。曾经的犯罪行为（经济投机和私人企业）突然变成美德了。独立思考和处事能力，这一古代俄国人极力回避的特征，现在不仅是成功而且是生存的本质含义。70 年间，前苏联的管理人员一直都依据中央计划经济经营企业，没有做出伦理决议的需要和愿望。这连同苏联一起崩溃了。

虽然在俄罗斯做生意的外国商业人士都遇到过困难并质疑过当地的道德标

准，但是目前俄罗斯在基本文化转型时出现的困惑和混乱，并不意味着当涉及私人企业问题时，俄罗斯人不讲道德；只意味着他们对此感到陌生。

一千多年以来，俄罗斯人一直生活在独裁和专制统治之下，他们对自由市场没有制度上的记忆，不像其他最近"自由化"的共产主义国家，比如，波兰、匈牙利和民主德国。（甚至给俄罗斯人灌输了基督教伦理观的俄罗斯东正教会，也不把商业看成是善举。它怀疑商人自私。）由于体制过于腐败和不诚实，欺诈和欺骗成为"人所共知"的行为，普通俄罗斯人需要这样做以打破旧体制，求得生存。

由于文化价值观的巨大变化，俄罗斯并没有产生引导领导人走出对错难辨的复杂困境的道德指南。20 世纪 90 年代末有一项关于俄罗斯儿童的民意调查，他们被问及不偷东西的原因是什么。在 100 个被问到的儿童中有 99 个回答说怕被抓住。只有一个说不偷东西是因为这样做不对。最近的估计称，腐败给俄罗斯政府造成了 100 亿美元的收入损失。

一位在莫斯科居住了 30 多年的意大利女企业家说："俄罗斯发生的事情不仅仅是经济或市场体制的变化，而是决定俄罗斯特点和俄罗斯文化结构的变化。这是对文化甚至语言以及对善恶基本概念的理解的侵犯。"

□ 从头开始

在俄罗斯，商业极度个人化，并且具有高度的个人风格。俄罗斯人的基本伦理观似乎依据关系而改变。对于朋友和商业伙伴，道德和伦理上的要求是不同的。在俄罗斯人心中，私人朋友和大家庭的地位最高。在前苏联时代，当涉及商业交易时，朋友与家人通常是唯一可信任的人。友谊基于信任，而商业关系不是。

苏联解体后的最初几年是强盗贵族的时代，企业超越国家，这使很多俄罗斯人有恰当的理由怀疑商人。这是一种"有什么吃什么"的心态，随着俄罗斯商业逐步成熟，这种心态已经有所弱化。

在俄罗斯，不能低估公司制度化或商业伦理（个人商业伦理观也一样）的重要性。在企业层面上，引入与推行伦理准则的重要性被放大，原因是俄罗斯没有强制性商业法或公司法或清晰的政府政策体系。评价俄罗斯的商业伦理时应考虑到俄罗斯人正努力从头开始树立商业文化。

□ 俄罗斯人与软件：盗版合乎伦理吗？

可以表明俄罗斯人新旧两种心态在哪些方面相抵触的最有趣的例子之一是

计算机软件的盗版。俄罗斯人在计算机程序的盗版问题这个方面拥有全世界最糟糕的记录之一。一个可能的解释是，正如上面提到的那样，俄罗斯人在与朋友打交道时采取与做生意时不同的规则。俄罗斯人习惯于集体生活，在前苏联时代禁书和西方摇滚乐磁带会被很快复制并在朋友邻居之间分享。目前很多俄罗斯人都认为商人会纵容和欺骗别人，所以，他们使用自己的方式进行欺骗和欺诈时感到很公平——包括盗版软件。

□ 俄罗斯商务的新伦理准则

以下内容摘录于商业行为准则的基本指导方针，该指导方针由俄罗斯工商业联合会与美俄商业发展委员会共同制定，是基本商业规则的初级读本。目的在于明确阐述国际商业交易中获得认可的一般原则和标准。有些人可能发现它们简洁得近乎奇怪，它们明确显示了俄罗斯的商业伦理观是何等落后。

商业行为准则的基本指导方针

人际关系与工作关系的原则

法律与合同不能预料生活中的无常。企业家常常根据常识和良知做出决定，问题的关键是要在人际关系和工作关系中体现出伦理和道德，并且记住以下几点：

- 按自己的方式经营。
- 在合资企业中，尊重商业伙伴和参与者。
- 将制止暴力行为或暴力威胁作为取得商业成功的方法。
- 抵制犯罪和腐败，做好本职工作以领会犯罪和腐败对所有人都无益。
- 不要辜负人们对你的信任，信任是企业的根基和成功的关键。为获得诚实正直、胜任和卓尔不凡的美名而努力奋斗。

与员工的关系

企业对员工负有重要责任。很多基本原则特别用来指导成功企业对待员工的态度。

- 应当关注劳动法。
- 承诺满足员工健康和安全标准。
- 不在招聘、薪酬和提升时歧视员工。
- 尊重员工参与工会活动的权利。
- 就雇佣条件和影响员工的其他问题，与员工协商有效机制。
- 明确阐述关于薪酬、福利、晋升以及其他雇佣条件且政策透明。
- 企业对退休金计划的缴款做出承诺，对保护企业资助退休金计划的完整性做出承诺。

这些原则并没有限制企业对劳动者执行纪律或者依据适用法解雇员工的权利。

与其他企业的关系

各方都可以从相互信任的关系中获益，这种信任关系是合资企业伙伴间、缔约伙伴间以及与其他企业的商业关系中最重要的方面。企业声誉是最有价值的资产。一旦企业声誉受损，就很难获得相同的或其他商业关系中的信任。很多基本原则通常会促进商业关系中的相互信任，这些基本原则包括：

- 对优质的产品和服务做出承诺。
- 致力于获得商业关系中的尊重和信任。
- 尊重合同与商业关系的神圣性。
- 如果发生商业纠纷，则为达成和解愿意协商和妥协。
- 尊重法律的神圣性，及时遵守法庭、仲裁委员会或其他管理机构做出的决议。

与国际社会的关系

企业是其所处社会不可或缺的一部分，与社区保持良好的关系非常重要。关心环境是企业对附近社区应负的责任，但是这一责任也扩展到企业活动可能影响的所有社区和地区。企业必须：

- 谨慎对待当地人关心的问题。
- 与当地人交流。
- 遵守所有适用的环境法律法规。
- 容忍其他文化、种族、信仰与国家的人。

与政府部门的关系

管理良好的企业也是遵守法律的企业。为保持与政府部门的良好关系，企业必须：

- 按时缴纳应缴税额。
- 遵守政府与地方的一切强制性法规。
- 在获得政府营业执照、许可证和批准的情况下经营。
- 与政府打交道时保持一定距离，不要尝试以不恰当的方式影响政府决议。
- 就与政府机构或官员的交易或与其拥有或控制的企业进行交易确定透明的程序。
- 在与政府机构或官员的交易或与其拥有和控制的企业的交易中，要在合同中包括合适的条款以确保遵守了抵制敲诈和贿赂的国际和国家准则。

恰当的制衡机制

恰当的制衡机制对于确保企业本身以及企业与支持者关系的持续完整性十

分必要。这一制度的基础必须是充分披露、管理问责制、责任分离以及良好的内部管理。

企业的充分披露政策，涉及以下几个方面：

- 说明企业的战略目标和政策，包括它们在过去的报告期里如何实现以及企业未来将怎么做。
- 将那些可能给企业带来实际影响的事情立即告知企业的支持者。
- 及时披露企业高管与其他当事人的所有重要关系。

恰当的制衡机制的关键之处是股东既能够监督管理人员的工作情况，也能使用包括免职在内的方式谴责其糟糕表现。

□ 防止敲诈和贿赂

防止敲诈和贿赂的原则被认为是一种企业自我管理的方法。企业自愿接受这些原则不仅会提高商业交易中（不论是企业与公共部门之间，还是企业之间）诚信的高标准，而且，也能保护易于受敲诈的企业。

商界反对一切形式的敲诈和贿赂。当务之急是要终结涉及政客和高官的敲诈和贿赂。贿赂和敲诈威胁民主制度，并造成严重的经济扭曲。

企业应遵守下列规章的字面意义和精神实质：

- 任何人不得以直接或间接的方式索贿或行贿。
- 任何企业不得以直接或间接的方式行贿，拒绝一切索贿。
- 企业应在能力范围之内采取恰当的方式，保证对机构的支付仅仅是对机构提供合法服务而支付的合理报酬，对机构的支付不得以贿赂或其他违反这些原则的形式进行。
- 一切金融交易必须恰当、准确和公正地记录在账户中，以便董事会和审计员检查。企业必须采取一切必要措施建立独立的审计制度，以发现一切违反原则的交易，之后企业必须就此进行恰当的纠正。
- 企业董事会应定期检查企业对原则的遵守情况，对未依原则行事的董事或员工采取恰当的措施。
- 对政党或个别政客的捐助必须遵守适用法律，以及满足对此类捐助公开披露的合理要求。

宗教即指导原则：伊斯兰银行业

经过几个世纪的蛰伏，伊斯兰银行业近些年再度现世，并且在中东和部分亚洲地区逐渐获得认可。这是为数不多的由宗教哲学完全支配商业关系条款和伦理观的几个国际商务领域之一。目前，伊斯兰银行控制着全世界超过 1 000 亿美元的资产，并且伊斯兰银行机构的资产年增长率在 10％～15％之间。甚至一些大型西方银行，比如总部设在美国的花旗银行，目前也拥有多家伊斯兰分行。

伊斯兰金融产品和服务以利益共享的原则为基础，目的是不破坏伊斯兰对利息或高利贷的禁止。伊斯兰银行业的本质特征是，伊斯兰的圣书《古兰经》禁止支付利息。总之，伊斯兰教法律规定风险应由金融家和企业家共担。伊斯兰学者认为伊斯兰银行业的观念有助于更公平地分配收入和财富并增加普通人参与经济的机会。伊斯兰银行不向存款人支付固定的、事先确定的利息，也不向借款人收取事先确定的利息。而是银行得到一部分利润或损失后，再与存款人共享。在伊斯兰世界允许利润共享而不允许利息，原因在于，就前者而言只是利润共享率，而不是事先确定的回报率。

☐ 伊斯兰的经济秩序

伊斯兰银行业的观念就是中东学者所说的伊斯兰经济秩序的一个组成部分，它仅仅以《古兰经》的教义为基础，致力于建立一个基于社会正义、公平和节制的按伊斯兰方式理解的社会。一切活动必须遵守伊斯兰教教法——伊斯兰的法典。伊斯兰教教法规定，人类可获得的所有资源必须充分利用，任何人甚至是政府也无权囤积、浪费或是闲置资源。

伊斯兰银行业依靠四个基本方法使经济和商业运转，它们是融资成本加成、合作经营、租售金融和利润分享，其中最普遍的是融资成本加成。

- 融资成本加成是涉及银行、客户和买方三方合同的基本成本加成融资，目的是以三方商定的利润率销售商品。大部分伊斯兰银行的运作都建立在融资成本加成的基础上。
- 合作经营只是一种合作交易，在这种合作交易中，各方均注资，利润与损失依据股本投入进行分配。
- 租售金融是一种租赁协议，银行向企业所有人购买或出租设备或其他资产，并收取费用。
- 利润分享是一种双方协议，一方提供全部资本，另一方管理企业。双方以事先商定的比例分配利润。损失只由出资人承担。

☐ 伊斯兰金融的基本规则

伊斯兰金融规则很简单，可以概括为以下几点：

1. 禁止任何事先确定的超过实际本金额的支付。

2. 贷方必须分担借款企业的利润或损失。伊斯兰教鼓励穆斯林投资，并且成为商业活动中共担利润和风险的合作伙伴而不是成为债权人。用银行业术语来解释，就是存款人、银行和借款人应共担企业融资的风险和收益。这不同于基于利率的商业银行体系，在商业银行体系中所有的压力常在借款人这一方。

3. 伊斯兰教不接受用钱赚钱。货币只是交易的媒介，本身没有价值，因此，不允许以收取固定利率报酬的方式牟利。人们在生产性行业中的努力、积极性和风险要比所用资本重要。

4. 不确定（GHARAR）意味着投机或不确定性，也被禁止。有了此项禁止措施，参与任何交易都没有了不确定性、风险和投机。缔约方应充分了解用于交易的账面值。

5. 只能向《古兰经》没有禁止的商业运作和产品进行投资。因此，伊斯兰银行不会投资于啤酒公司或赌场。

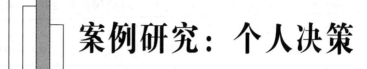

第十六章

案例研究：个人决策

衡量一个人的品质，要看在明知永远无人察觉的情况下，这个人会做什么。——Baron Thomas Babington Macauley，19世纪早期的英国历史学家

伦理教育的要点和精神在于案例研究。人们用案例来说明个人在其责任执行中的惯常基础上应当如何分析可能遇到的各种情况——特别是在那些可以要花招的"灰色地带"。在真实生活场景中，本章所提供的案例并不总会有"对"或者"错"的回答。许多这种案例的关键点是，当在国际环境中处理问题时，一个经理人或者商业人士在对行动过程做出决策前必须考虑许多不同的因素。在个人视何为最佳伦理行动的构成过程中，文化能够扮演也通常扮演了重要角色。但并非所有的文化，并非所有具有单一文化的个人，都会同意这个过程的内容。

案例1：超级销售员

你是英国一家生产日用零售品的跨国制造商在东欧地区的市场营销经理。在家用清洁用品上，来自其他跨国公司和本地品牌产品的竞争特别激烈。你在罗马尼亚有一个销售员,他不仅每个月都实现了清洁用品的销售定额,而且大大超过定额的要求。这些情况引起了你的注意(居然是从竞争者那里),这个超级销售员可能卷入违背公司基本伦理规范的一些操作。你知道这些操作,例如承诺一个小"回扣"给客户,违反了公司对销售员的委托,但这是罗马尼亚的一般惯例,那么这时你会采取什么行动措施呢?

A. 解雇这个销售员。他明确违反了公司伦理规范,应该被解雇。

B. 假装没看见。毕竟,你知道他的做法在罗马尼亚是可接受的,而且,他的业绩这么好。

C. 向销售员解释公司的伦理规范和取代本地常用标准的公司全球伦理标准,告诉他需要按照公司标准进行操作,即使这样做的成本是他本人和公司的销售业绩。

□ 说明

如果销售员是在公司所在母国工作,那么选项 A(解雇销售员)是一个合适的答案。这个选择表现出对文化的不敏感以及对真实世界如何在"伦理灰色地带"运作的不理解,惩罚显得过于严苛。选项 B(假装没看见)是一个道德僵局。如果允许情况持续下去,会导致公司无法对罗马尼亚的运营进行管理,同时,这还会对母国和本地的销售员士气产生负面影响。究竟为什么要有伦理政策?

选项 C 可能是最好的答案,要使公司伦理规范起作用(并且结果不能打破底线),必须进行强制推行,必须训练雇员并鼓励他们遵从规范。如果公司严肃对待其国际伦理政策,就必须花时间教导外国雇员政策的重要性并教会他们如何使用。必须澄清高标准的伦理比不道德的销售额增加重要得多。展示全球伦理政策与商业重点的联系,是公司的任务。

案例 2:借用人

你发现公司在莫斯科当地的代理商(当地公司的所有权每方各占 50%)一直私自使用公司的办公设置,用于运营他自己在该国所有的其他一些公司。他"借用"了公司的软件来支付他自己在其他公司中的工资单,甚至使用一辆自卸货车来搬运他自己公司办公室更新项目中的瓦砾,这看起来逾越了伦理分界线。他对你的不满给出的解释是,他真的不明白你对什么如此失望,他说:"我没有做错任何事情。"而你认为这是一个聪明又相当有城府的人,根本不相信他的解释，并感到他正在把你当做笨蛋耍弄。

□ 说明

对你的俄罗斯合伙人来说，因为他对两家公司都拥有所有权，所以使用这些设施是相当合情合理的。这些安排处置都很有效并且并不显得缺乏道德。这是因为，私有财产所有权的伦理对俄罗斯来说是新生事物，他作为两个公司的所有人认为设备是他的，可以按他认为的方式使用。他确实没有把你当傻瓜要弄，他确实是无法完全理解资本属于合伙资本，并非他个人的。

案例 3：不情愿的举报者

你北美的公司在日本有一家兴旺的会计和审计公司。一个低级雇员通过业余时间的交谈了解到她的老板和一个顾客进行了一些缺乏道德的事情，这些行为构成了明确的利益冲突，但是，她没有说什么，这样一种情况就意味着选择忽略你公司的"国际伦理热线"。当丑闻众所周知的时候，你的反应是什么？

A. 解雇他们两个。获悉并瞒报违章事件在事实上等同于违章。

B. 向所有的日本雇员发送一份有关应使用热线报告违章的备忘。

C. 解雇老板，留下低级雇员——但是在这位初级雇员的个人档案中放入一份对瞒报违章的警告。

□ 说明

这些选项中没有一个看上去适合这个案例。首先，举报在任何亚洲文化中都被看做是一种本身就不道德的行动，因此任何不用公司热线进行举报的员工都不应该受到责怪。沉默，甚至是对非法行为的沉默，在亚洲文化中被认为是一种从指控和惩罚中寻求相互保护的方式。

同样，在亚洲文化中尊敬长者和遵守权力等级制度，可以阻止任何一个低级职员举报高级职员，通过举报老板来扰乱集体和谐的想法（儒学教义的要点是保持团体和谐）对大多数亚洲员工来讲是不可思议的。想让低级员工举报老板并让老板颜面尽失这样的念头也是靠不住的，即使今天依然如此。

案例 4：中国的人事经理

你自认为公司在中国的合资制造企业中，有一流的人力资源主管，她年轻（36岁），有热情，而且能力很强。但是，在她工作两年多以后，你开始注意到她工作中出现了一种模式：除了一些具备极佳条件和经验的候选人，她拒绝雇用任何比她年长的人。于是你告诉她不考虑年长的合格候选者正在损害公司的利益。她保证今后会做得更好，但是这种模式仍然在持续。这里出现了什么问题？

☐ 说明

儒家规范指明，应该一直遵从的五种关系之一是年轻人顺从年长者。中国文化高度重视年龄和经验，中国商业领导人通常会轻视年轻的谈判者，不会认真对待他们。中国人力资源主管是在下意识地规避成为年长者上级的情形。

案例 5：工厂安全标准

Intermake 公司是一家服装生产公司，总部在欧洲，在撒哈拉沙漠以南非洲国家有一些工厂。公司以地区平均工资和平均工作条件为标准，支付更高的工资并提供更好的工作条件。公司也向外籍领班支付欧洲水平的工资。当地媒体对 Intermake 公司一直批评声不断，因为公司执行双重工伤计赔标准。如果外籍工人受伤，他会被送往地区私人医院，如果当地雇用工人受到同样的伤害，则送往当地设施很差的医院或者只是由公司护士进行简单处理。

Intermake 公司认为给当地雇员的待遇，即使不比该国其他制造商更好，也至少不亚于该国其他制造商提供的待遇，因为大部分这些制造商甚至都没有工厂护士。因此，公司的医疗政策并没有妨碍当地人提出工作申请。事实上，公司有大量的当地潜在雇用储备。而为了招募在工厂工作的外籍员工，公司还必须向其提供额外的医疗护理。

☐ 说明

在理论上，尽管这个问题看上去只有一个答案——在任何情况下歧视都是不公平的——但在现实中你必须决定 Intermake 的双重标准政策在传统的字面意义上是否属于差别对待。Intermake 公司在这个案例中真的由于种族或者族裔的原因造成歧视了吗？也许不是。这里有两个伦理上的考虑。首先涉及伦理的核心部分，你对雇员遭受的相同病痛能够在差别对待的基础上进行处理吗？回答显示是否定的。其次考虑一个人有权去配备何种医疗设施的地方看病——标准应当与雇员享有的在其他相关工作条件中的津贴和地位相当，例如老板有津贴——津贴可以包括高级医疗护理。

关键是，提供给当地员工的医疗条件是否足够保证对伤口的处理结果一样。一些人可能认为，向当地工人提供足够保证其康复良机的医疗护理是 Intermake 公司的伦理责任，不必向他们提供最好的医疗护理（为了搬到当地工厂，外籍员工可要求最佳医疗护理），但必须向他们提供足够的医疗护理。其他人则可能认为，如果医疗条件太差以至于雇员被置于巨大的风险之下，那么相比其他当地工厂，除了支付更高的工资，没有人想在这里工作。

案例 6：在沙特阿拉伯下岗

你是一个英国顾问，被派往沙特阿拉伯照看一下公司新近控股的合资企业，这个企业原先是一个有 400 名员工的家族式轻工业制造企业。你看了看账簿并提出你认为人员过于臃肿，每个雇员的产出和收益低于平均水平，并建议让20％的工人下岗。沙特阿拉伯的所有权人震惊地看着你，说下岗彻头彻尾是不道德的举措，生意有比利润最大化更重要、更多的内涵。听了这番话，你同样也感到很震惊。

□ 说明

阿拉伯世界的大部分商业——当地由集体主义文化主导——较之看重雇员的效率更看重雇员的忠诚，当然视解雇工人为不道德行为。这个理念通过伊斯兰教法律的宗旨得到强化，伊斯兰教法律的目的就是强调公司的社会责任，获得利润最大化反而是次要的。事实上，解雇一个忠诚的雇员来最大化利润就被认为是不道德行为。

当在真实世界中面对这种境况时，英国顾问和沙特的所有权人达成了一种有趣的解决方案：全面减薪并削减工人的工作时间。这个方案得到了工人们的理解，没有人抱怨甚至很多人反过来感谢所有权人挽救了他们的工作。这里学到的教训是：当在高度集体主义文化中处理问题时，全面减薪而非解雇工人是更明智的做法。工人自己实际上也希望是这种解决方案。这个案例是一个经典范例——不同文化体系可以为普遍性的商业问题带来创造性的解决方案。跨国公司和外籍经理应当注意这个案例。

案例 7："男性世界"中的女性同僚

June Smith 正为国际销售事务和她的同事 Nigel 一起出差，Nigel 是公司里最有经验的销售员之一。这次出差很成功，但是当他们返回时，June 抱怨了这次出差过程中发生的一次意外。在最后一天，当拿到合同的时候，客户提议 Nigel 一起到客户的男性俱乐部去庆祝。

如果你是 Nigel 的老板，你会向他建议：

A. 接受邀请，不要捣乱。

B. 提议一种替代的场所，以便 June 也可以参加。

C. 拒绝邀请。

D. 下次带男性同事出差。

□ 说明

在某些地方这种类型的意外能够而且会有规律地发生，特别是在日本和中东，尽管全球化时代事实上已经使得所有的文化都对这样的意外变得敏感。选项 A（接受邀请）明显对同事不公平，应该加以反对，如果不是公司政策的字面意义，而最大的可能这就是公司的精神。在全球化商业中，她的抱怨很可能理由正当。

但是通过选择选项 B 和 C，June 和 Nigel 会因"文化帝国主义"而感到内疚吗？一些人会认为公司和 June 应该对这样的意外有所准备。"准备"可能意味着敏感而有策略地处理情况，这样她和 Nigel 可以在尴尬的情形出现之前想出解决问题的办法。选项 C 在任何文化中都相当粗鲁——会产生风险使未来的商业合作无理由地难以为继。

其他人会认为，"准备"会引起不再委派 June 到那些国家去，那么她就不再被包含在内——选项 D。那些国家的文化不是"错误的"，只是不同而已，对公司来说，最小化那些差异是很重要的事情。公司需要对当地文化保持敏感。事实上，让男女销售员搭配成团队并一起出差的意图，在一些文化中是令人相当不快的方式。

可能这个困境的最好答案是选项 B（提议一个 June 也可以参加的替代场

合）。今天，几乎没有客户会因这样的折中而感到冒犯。

还有一种观点，即这样的意外会如何影响 June 的职业生涯？一些专家相信，如果把她排除在社交活动之外，那么会损害她的商业效力并导致她失去未来的机会，这是不公平的。另一种观点认为，如果失去的庆祝仪式并没有伤害她的长期职业前景，那么 June 不应该抱怨。毕竟，难道"达成交易"不是出差的真正目的吗？

案例 8：性骚扰

你是一家大型北美公司的中层经理，你坐在酒馆里开始和邻座的一个女性交谈，这个女性你认识，是你所在公司的雇员，她提到她的老板在工作中对她进行性骚扰。你知道她为谁工作，而且你和她的老板还是朋友。你应该采取什么样的行动？

A. 告诉她你认识她的老板，她肯定是搞错了。

B. 置身事外。

C. 开始进行调查以确定事实，也许可以帮助她老板澄清事实。

D. 建议她向人力资源部提出指控，并提议和她一起去。

E. 在下一个工作日打电话给人力资源部以及伦理办公室，汇报你们的谈话。

□ 说明

当然，前两个选项 A 和 B 尽管是走出困境的简单办法，但同时也是对你机构伦理责任的背叛。然而，选项 A 和 B 看上去很有吸引力，也很容易看出是如何找到理由的——毕竟，谈话发生在工作场所和工作时间之外，因此你可以认为汇报这件事情确实不是你的责任。事实上，前三个选项（A、B 和 C）指出的方案都会导致你和你的公司陷入更严重的麻烦。尽管不汇报你的怀疑会让情况变得更加糟糕，但是进行不专业的、笨拙的调查会让你公司的潜在责任更是呈指数级增长。

尽管选项 D 看起来是合理的解决方案，但仍有可能因进行得不够彻底而失败。只有选项 E 通过实现经理对组织及其雇员的伦理责任包含了所有的伦理基础。

案例 9：商业间谍活动

你公司与其主要竞争对手一起，正在争取一项竞争激烈的投标项目（一个数百万美元的合同），客户以电子邮件方式发送了最后的说明书，这时你发现在文件里夹杂了竞争对手的最后报价单。你搞不清这是故意的还是一时疏忽，那么你应该怎么做呢？

A. 一眼都不看就扔掉。

B. 认真审阅这份文件并调整自己公司的出价，打败对手。

C. 判断这个情况已经向所有其他的出价者都公开了，因此每个人都有相同的信息并将适当调整各自的出价。

D. 打电话告诉老板和法律部门，并报告这个突发事件。

□ 说明

在这个案例中，只有一个正确的答案——D。尽管 A 听上去很像正确的选择，但是新发现的信息应该向高级职员和法律部门报告。不这样做可能会给你的公司带来非常严重的后果。B 显然是完全不道德的做法，无法用任何已知的伦理标准为此行为找出理由。C 仅仅是试图为不良行为找借口。

案例 10：计算机硬件卖主

你运营了一家小型互联网公司并需要为升级和业务扩张购买计算机硬件。你知道下一步的商业冒险具有高风险，将包含雇用高工资雇员和冒险，如果不成功，将会严重限制你的资金流。尽管合同条款有 45 天的支付期，但是在业务扩张完成并且新项目开张并运营之前——但愿挣钱——你并不指望能够在六个月内向卖主支付账单。卖主已经进行了合法清查并进行了通常的信用审查，但是，没有一项审查揭露了你的秘密和风险扩张计划。你决定：

A. 把你的计划告知卖主，毕竟还有其他供货商。

B. 保持沉默。

C. 推迟扩张计划，直到你能够在当前现金流之外负担得起。

□ 说明

事实上，这个问题的三个答案看起来都很合理。即便是"省略的谎言"，也仍然是谎言，在这个案例中，卖主会发现自己很难指责企业家的沉默。在商业中已经出现了一种变化，特别是在西方国家，远离了老式的一经出售概不负责模式（买家留意），发展成包退包换模式（卖家留意）。人们认为卖家具有良好的市场洞察力并应该认识到许多公司利用超过 30—60—90 天通常付款期限的"延期付款"来保护自己的现金流。选项 B 中假设了这样的市场洞察力以及买家最终会支付账单——甚至可能连着罚息一起支付。

尽管选项 A 和 C 包含了不误导卖家的伦理基础，但是 C 是以非常保守（同时可能也是一个糟糕的决定）的方式进入高度竞争的互联网商业世界的。选项 A 看起来有效兼顾了伦理和商业问题。谈判支付条款是商业的一部分，较之短期更合理的支付条款，诚实的名声在长期对公司盈利可能意味着更多。

第十七章

词汇表

广告 （advertising）：

一种公众通告形式，以触发消费者对某种产品的最终购买为目标，通过设法向消费者传递信息、说服消费者以及其他方式来改变消费者对产品的态度。

匿名者网站 （anonymyzer）：

能对用户的电子邮件地址和身份进行隐藏的网站。

进入障碍 （barriers to entry）：

使竞争者难以进入市场的条件。例如，著作权、商标、专利、专有分销渠道和高比例原始投资要求。

贸易壁垒 （barriers to trade）：

令对手难以进入外国市场的政策。例如，高比率进口税、对进口产品的特殊要求和对国内产品的补贴。

局势总揽 （big picture）：

对商业交易或政策的全局性的、长期的看法。做一个能够总揽全局的思考者，意味着你要有能力超出琐事和细节或者单个交易，提前思考并搞清是否适合公司总的发展战略。

诚信善意 （bona fide）：

拉丁语词汇"诚信善意"，指公司或个人对特定营业范围、交易或结果表明了承诺的文件、材料和保证，通常用来指一个公司或者个人是认真的而且是言行一致的。

底线（bottom line）：

财务报表上的最后一条线，表示公司的利润或损失。

行贿指数（bribe payers index）：

透明国际的开创性的成就，用来测量行贿的供给方：新兴经济体中，处于出口领先国家的公司进行行贿的相对倾向。

贿赂（bribery）：

向一个拥有权力的人提供报酬或做出让步，并以此影响商务交易的结果。尽管在与行贿作斗争的问题上世界上更强大的经济体中逐渐形成了某种一致性，认为这是不好的经济政策，然而从道德方面来说，行贿仍然是国际商务中根深蒂固的部分。

商业情报（business intelligence）：

监督管理竞争性环境的方法，允许公司中的大小高级经理做出知情决策。有效的商业情报是一个持续的过程，涉及对信息进行符合法律及伦理的搜集、分析时无须回避令人不愉快的结论以及针对决策者行动情报的控制性传播的过程。也可参照企业情报（corporation intelligence）。

善因营销（cause related marketing, CRM）：

将营销过程以特定理由或某种价值观与商务产品相联系，以期待持有相同价值观的消费者出于支持这种理由的原因，变得更有可能购买该产品。

高斯圆桌会议（Caux Round Table）：

由来自欧洲、日本与美国的企业领袖构成的团体，致力于通过激励商业和工业的作用，将其作为改善全球社会与经济的关键性力量。

首席隐私官（chief privacy officer）：

负责审查公司隐私政策和习惯做法的商务执行者，对公司如何处理消费者和雇员的保密信息进行管理。这一职位直到 20 世纪 90 年代中期才出现，而现在这个职位被认为是关键性的管理职位，以此设立的督导办公室在大公司和小公司都是一样的。

童工（child labor）：

从事商务工作的儿童。其中涉及的广泛的伦理问题包括诸如在家庭商业（和农场）中工作的儿童、儿童教育、强迫劳动、身体不受伤害的最低工作年龄或者任何应该由年轻人承担的工作。

《汉谟拉比法典》（Code of Hammurabi）：

18 世纪的商业和社会规则，用古代巴比伦著名领袖的名字命名。这个法典是第一部有组织的商业活动的基本伦理准则。

文化相对主义（cultural relativism）：

这一观点认为不存在绝对的道德价值观，一个人不应该将其他国家的信仰或行为看成是错误的，而应该单纯地看成是不同的。

集体主义（collectivism）：

一种文化价值，特别强调集体的和谐，欣赏个人将自己的需求和愿望置于集体之下，个人将集体放在首位并服从主管人的命令。

保密协议（confidentiality agreement）：

在商务关系开拓中，双方对所交换的所有者信息进行保密保护的责任。可参照不披露协议（nondisclosure agreement，NDA）。在大部分国家，对商业秘密保护的可能性而言，保密协议的使用是个基本条件。

儒家思想（confucianism）：

基于哲学家孔子教义的中国道德和宗教体系。孔子死于公元前479年，他的教义建立在伦理戒律上——仁、义、礼、智、信——意欲鼓励和保护家庭和社会中的好的管理方式，中国之外的许多亚洲国家也奉行其戒律，并且形成了这些国家的社会组织和管理的基础。

网络跟踪（cookie，CGI）：

一种允许网站记录你来去信息的机制，通常不需要得到你的认可或同意。

企业公民（corporate citizenship）：

公司对雇员、股东、客户、供应商以及公司开展业务和服务的市场所在地社区负有的责任，至少，公司必须遵守经营地的法律、规章和公认的商业惯例。这超出了传统经济观念中对公司责任的看法，过去认为公司的责任就是增加利润和提高生产率。不能正确理解这个观念，是由于没有考虑公司行为与其存在的社会环境之间的关系。

公司文化（corporate culture）：

将一个组织凝聚在一起的东西。公司文化整合了这个组织的价值观、行为准则、政策和传统做法，并且极大地受到国家文化价值观、所有者结构和公司运营产业的性质的影响。

商业间谍（corporate espionage）：

为了搜集商业竞争性情报而使用非法手段。因为是不合法的使用而不是以合法手段获得信息，所以不同于商业情报或企业情报。

公司治理（corporate governance）：

对企业单位行使权力和进行控制。这个术语既指营利责任也指管理责任。

企业情报（corporate intelligence）：

对涉及国家、产业、公司、机构和个人的任何方面的信息都加以搜集、分析和利用，以帮助进行知情商务决策。

腐败感觉指数（corruption perception index）：

一份相当受关注的报告，从 1995 年开始每年由透明国际完成。报告测度了腐败的感觉，这是一个重要的指标，告诉政府首脑们全世界的国家分析师和商务人士如何看待他们的国家。其方法论的基础是针对每个特定国家的系列调查报告。

跨文化（cross-cultural）：

对不同文化之间的信仰和态度的比较，或者对具有另一套信仰和态度的不同民族的比较。在管理中，这种理念用来处理在管理来自不同文化的员工团队时面临的挑战。

文化（culture）：

一系列习得的核心价值观、信仰、准则、知识、道德、法律和行为，由个人和决定个人应该如何表现、感受和看待自己和他人的社会共同分享。

《数据保护指令》（Directive on Data Protection）：

由欧盟于 1998 年 10 月创立的指令，对从消费者和雇员处采集到的个人数据（比世界上任何其他地区的限制程度都要严厉得多），限制其二次使用。这个指令要求对个人数据的处理过程，必须能够保证个人数据获得和修改的时机服从于数据使用的知情原则和向第三方披露数据之前的有权退出原则。

歧视（discrimination）：

有关就业和职业中的歧视的本质是指任何区别性、排斥性和有偏好的对待，建立在种族、肤色、性别、宗教、政治、观点、民族血统和社会出生的基础上，会造成平等机会或者就业和职业待遇的丧失和减少。

多米尼 400 社会指数（Domini 400 social index）：

最知名的股票指数，有社会责任的投资人选取满足特定要求的全球股票，对其绩效进行跟踪。该指数监控 400 家美国大公司的绩效，涉及多个综合性的社会场景。

道琼斯可持续性指数（Dow Jones sustainability index）：

从 1999 年开始公布的一组指数，对构成道琼斯全球指数的 2 000 个公司中最具可持续驱动的前 10％的公司，进行绩效跟踪。

尽职调查（due diligence investigation）：

指预备性的研究以及计划进行商务交易（例如联合经营）的双方互相交换数据，交换的数据覆盖各方的商业、事务以及与所提出的商业计划相关的特定事件。

《经济间谍法》（Economic Espionage Act）：

1996 年由美国国会颁布，对窃取商业机密的个人或公司规定了严厉的刑期和罚款，同时，该法案拓宽了商业机密的定义，将可能为公司带来巨大收益的方法的创意也包括在内。

环境责任（environmental responsibility）：

从健康、安全和环境因素的角度，对产品和生产过程进行负责任的、符合伦理的管理。

环境友好技术（environmental sound technologies，ESTs）：

这个含义宽泛的术语，勾勒出了保护环境的技术过程：减少产生污染，以更加可持续的方式使用资源，更好地进行废弃物循环再利用，以更令人满意的方式生产和处理残余物而非从技术上替代。

伦理决策（ethical decision-making）：

以符合伦理原则的方式在各种替代方案中进行权衡和选择的过程。

伦理（ethics）：

个人或公司在个人事务或者商务关系中的道德标准和价值观，起源于意为"character"（品德）的希腊单词，描述了一种与道德责任和义务有关的态度。文化的影响和看法常常对伦理产生巨大的冲击。

面子（face）：

一种根深蒂固的价值观，在亚洲和中东文化中表现尤甚，与尊严、来自他人的尊敬和自尊自重相关。尽管在西方，丢脸——由错误或者不当行为造成的尴尬——与个人的失败有关，但是在亚洲和中东文化中，这是一个群体概念，因为羞耻不仅被带给了个人，也被带给了由其代表的群体或组织。

女性文化（feminine culture）：

带有所谓女性价值观（例如重视人际关系、在追求物质财富之前先追求生活质量、对关心个人和不幸者的行为表示欣赏）的社团。女性文化与男性文化形成对比。

强迫劳动或强制劳动（forced labor or compulsory labor）：

从任何处在受惩罚的威胁之下并因此非自愿提供劳动的人那里索取的工作或服务，假设给工人的工资或其他补偿不能表明工人是被强迫的还是自愿的。

《反国外腐败法案》（Foreign Corrupt Practices Act）：

美国法律。这个法律规定，美国公司、公民或其代理为获得商业优势对外国官员行贿触犯了联邦法律。在某些场合中，这个法律允许"简易化"支付，这种支付可以使人快速处理事务，而且不管怎么说已经这么做了。有时，在竞争对手无须面对类似限制的时候，这个法案也被认为妨碍了美国商业的发展。

义理人情（GIRI NINJO）：

日本最有力量的基本准则之一，统治了个人和商业之间的相互作用，这是一种荣誉感、忠诚感和热情，使得商业运作有时候看起来就像是一个扩展了的家庭。

《全球协议》（Global Compact）：

1999 年瑞士达沃斯的世界经济论坛上引入的全球商务准则，涉及人权、劳工和环境等主题。这些基本准则向世界商务领袖们发起挑战，要求他们个人的公司实践"接受并实施"《全球协议》，同时也通过对正确的公共政策的支持"接受并实施"《全球协议》。

全球化（globalization）：

全球国家间不断加强的经济和社会相互依赖性，通过商品和服务跨境贸易及国际资本流动容量的增加和多样化以及通过技术和通信快速且广泛的扩散实现。

赫耳墨斯（Hermes）：

古代希腊掌管商业和市场的神，既是商人和店主的官方保护人，也是小偷的官方保护人，不要与英国巨大的养老基金的投资人混淆。

高语境文化（high context culture）：

一种文化，非常看重谈判和商业交易中无形的方面。处在这种文化中的个人，会看到事实和数字后面的东西，考虑诸如个人关系、尊重的氛围和尊敬的态度、宗教和信任等。在一个高语境文化中，没有面对面的会晤，就永远不会产生商务。

热线（hotline/helpline）：

一个特殊的电话号码，雇员和其他感兴趣的当事人都可以打这个号码诉说自己的烦恼，或者通过在企业伦理和相关问题上训练有素人员的解答，获得针对性的回答。（热线在其他领域也被用于许多其他目的。）通常，热线被用来管理全球性的公司伦理程序，并成为成功——或者文化过失——的主要因素，取决于如何以及在何处使用。尽管某种观点认为这样的热线对匿名指控来说是"告发线"，但热线仍然被成功地用作交流工具，帮助有伦理政策方面困惑的公司雇员。

人类尊严（human dignity）：

每个人类成员体现出的神圣之处和价值所在，是最终目的而非只是实现他人目标的手段。

租售金融（IJARA）：

伊斯兰银行业和金融业中的词汇，描述了一种租赁协议，银行向商业所有人购买或者出租设备或者其他资产并收取费用。

个人主义（individualism）：

一种文化价值观，特别强调独立思考者、赏识个人成功并以个人成功超越所在团队为荣。

机构投资者（institutional investor）：

投资人是一个组织而非个人，包括养老基金、信托基金、共同基金和代表他人管理资产的捐赠基金。

国际商会（International Chamber of Commerce，ICC）：

非政府组织，为世界商务活动提供政策支持。ICC 的目标是促进世界贸易和投资，以及通过向政府间组织提供咨询促进国际自由市场经济，这个总部在巴黎的组织也是有关涉及仲裁和争议解决方案的事务、商业自我约束、反腐败和反商业犯罪的国际领导者。

互联网（Internet）：

由计算机网络构成的公共网络，允许用户之间或者用户和网络中的某个地方之间进行信息交换，也使交互式媒体、电子网络诸如万维网和在线服务成为可能。

共生（KYOSEI）：

一种日本理念，指为了共同利益在一起生活和工作，使合作和共同繁荣与健康和公平竞争共存。

公平竞争的环境（level playing field）：

每个人都遵循相同规章制度的商业环境。

低语境文化（low context culture）：

一种文化，认为就交易伙伴的知识而言，已被高度分享，因此交易只考虑其有形方面诸如事实、数字和绩效，环境和与商务伙伴的个人关系没有什么实际意义。在一个低语境文化中，双方就算一次都没有会晤过，也照样可以做成生意。

男性文化（masculine culture）：

带有所谓男性价值观（例如，崇尚进取、魄力和追求物质目标）的社团。男性文化与女性文化形成对比。

中庸（mean）：

一种互惠互利与合作关系的社会结构，中国哲学家孔子的首要原则。当中庸原则得以遵循时，事业兴旺、人民昌盛，在没有冲突和伤害的情况下每个人都得到发展；按照中庸之道行事，就是以正确的社会方式思考和行事。

利润分享（MUDARABA）：

在伊斯兰商业和金融领域使用的协议，协议双方中的一方出全资，另一方负责管理这个风险投资，所得利润根据事先说好的比例分配，而损失只由出资人承担。

融资成本加成（MURABAHA）：

伊斯兰银行业和金融业中的词汇。指合同中的三方：银行、银行的客户和所售货物的买方，就利润率达成一致意见。大部分伊斯兰银行的运作都建立在融资成本加成的基础上。

合作经营（MUSHARAKA）：

伊斯兰银行业和金融业中的词汇，描述了一种合作关系。在这种合作交易中，各方都要对融资做出贡献，利益和损失根据出资比例分担。

非政府组织（non-governmental organization，NGO）：

致力于特定目标的组织，不附属于政府或私人企业。

经济合作与发展组织（Organization of Economic Cooperation and Development，OECD）：

1961 年成立，总部位于法国巴黎，有 30 个成员国，其中包括亚洲、欧洲和北美主要的工业化民主国家，目标是要促进成员国之间的经济和社会福利、促进和协调与发展中国家的关系。当 OECD 开始与商务活动中的行贿和腐败做斗争时，当它在发展全球商务伦理标准方面充当领导力量时，它被认为是全球组织中的领先者。

外部董事（outside director）：

公司董事会的成员之一，但不是公司的雇员，在公司里也不承担经营上的责任。

权力差距（power distance）：

一个文化尺度，描述了处在团体中的个人如何看待权力以及随后如何看待自己在决策过程中的作用。在高度权力差距文化中，人们认为自己远离老板并从不寻求发挥决策者的作用，而在低位权力差距文化中，工作人员被赋予更多的权力并因此在决策和实施过程中想得到某种话语权。由于高度权力差距文化对权威更尊重，因此较之低位权力差距文化更倾向于形式上的正式。

委托书（proxy）：

律师出具的委托证明，授权某个指定的人代表股东或者股东集团参加公司股东会的投票。

公平披露规则（regulation fair disclosure）：

美国证券交易委员会于 2000 年采用的管制措施，禁止公司向挑选出来的团体披露非公开信息，并且要求通过新闻发布的形式或向美国证券交易委员会呈报的形式来向公众发布某些信息。这个管制措施被用来保护小投资者免受内部交易之害，并向股票市场上的所有投资者提供了公平竞争的环境。

关系驱动型文化（relationship driven culture）：

一种文化，依赖于个人友谊和人际关系来做生意。在这样的一种文化中，在任何商业活动能够开展之前，必须先建立对个人的信任。与这种文化相对的是任务驱动型文化。

社会责任标准（SA 8000）：

经济优先认证代理委员会（CEPAA）为促进全世界有社会责任的生产所创

建的标准。SA 8000 标准就是"社会责任 8000 标准"。为了通过认证，组织机构必须满足童工标准、强制劳动标准、健康和安全标准、结社自由标准、歧视标准、惩戒措施标准、工作时间标准和赔偿及管理系统标准等一系列可审核的国际标准。

股东行动主义（shareholder activism）：

一个不断壮大的全球性的并且常常是对抗性的运动，通过这个运动，大小股东都在向公司挑战，要求其变得更具伦理和财务责任。这个运动代表了发生在管理层、董事会和投资者之间的一种根本性的变化，发源于 20 世纪 80 年代的美国。

伊斯兰教教法（SHARI'AH）：

伊斯兰法典。在伊斯兰法典规定下，所有可获得的资源必须得到最优化利用，没有人——即使是政府——有权隐藏、浪费或搁置这些资源。

社会责任投资（socially responsible investing）：

商业中的投资建立在社会和道德标准的基础上。通常，社会责任投资是这样一种企业投资：企业通过这种投资促进涉及社会、伦理和环境责任的商务实践，这些商务实践转而又对提高全社会的生活质量做出贡献。

利益相关者（stakeholder）：

受到商业或组织机构行为或财富的影响的个人或团体。这个术语涉及所有者、消费者的支持者、客户、竞争者、媒体、雇员、环保主义者、供应商、政府和当地社区组织，所有这些当事方在商业中都有合法利益，并且都能够影响商务活动的结果。

策略（strategy）：

利用所有获得的社会、经济、政治、法律、文化和其他力量来创建计划以实现目标的艺术或者科学。

主观主义（subjectivism）：

由个人而非社会决定哪一个道德标准有效。尽管这在哲学领域被看成是有效的理论，但是如果一个公司单纯地充当"老板所思都对"的应声虫，那么其在商务中的实践就会出问题。

可持续性（sustainability）：

一种商务方法。机会和风险来自经济、环境和社会发展，通过抓住机会和管理风险，创建长期股东价值。

伊斯兰保险业务（TAKAFUL）：

一种互助协会业务，作为传统保险的替代方案提供给穆斯林。

任务驱动型文化（task-driven culture）：

一种通过有限的特定任务——例如签署一份合同——来实现的文化，主要的目标是经商。处在任务驱动型文化中时，个人会将商务从个人关系中分离出去，不必为了经商而交朋友。任务驱动型文化与关系驱动型文化相对。

时间范围（time horizon）：

公司或者个人在商务交易取得成效或者盈利之前愿意等待的时间长度。由于亚洲执行者对这个时间没有什么过分看法，一般而言将时间看成有待消耗的商品，因此与美国人和欧洲人相比，他们能够接受更长的时间范围——通常可达数年。较短时间范围与任务驱动型文化相关联。

透明度（transparency）：

（a）交易中的各方都清楚地理解统一的规章、制度和交易管理法律；（b）影响国际贸易的法律、规章、协议和惯例是公开的、清晰的、可观测的和可检验的。这个概念在公司治理中特别重要，因为合作者在会计原则和信息披露原则比其母国更严格的市场上寻求上市发行。

透明国际（Transparency International）：

非政府组织，致力于增加政府责任并控制国际和国内腐败，腐败感觉指数的发行者，总部位于德国柏林，在77个国家有办公室。

不确定性规避（uncertainty avoidance）：

一种文化价值观，讲述了个人和社会对稳定、模棱两可和风险有何感受以及如何反应。在商务组织和就业观念中经常可看到这种价值观。日本就是一个高度不确定性规避文化，那里的工作人员以割舍个人流动性作为交换，仍然坚持一个工作干终生的观点。

价值观（values）：

对文化来说是一个很重要的概念，影响了社会中个体的相互作用和个体对外部世界的看法。不同文化中最基本的价值观差异是，一个社会强调的是个人主义还是集体主义。

废弃物考古学（waste archeology）：

商业情报和商业间谍行业的行话，指为了获得制造和营销秘密而仔细搜寻竞争者的垃圾。

世界银行（World Bank）：

（全称是国际复兴开发银行。）一个政府间金融机构，位于美国华盛顿特区，目标是帮助发展中国家提高生产率、收入以及减少贫穷。

歹徒/黑社会成员（YAKUZA）：

日本犯罪集团中的成员。

天课（ZAKAT）：

穆斯林每年必行的捐助穷人的钱或者慈善行为。

第十八章　商务伦理研究资源

　　互联网是寻找商务伦理研究资源的良好起点。数百个网站提供了从伦理的哲学观点到如何制定商业准则的大量信息。当然，传统资源出处也提供了大量宝贵的信息。很显然，这样的地方不但有当地的图书馆，还有在你目标区域的当地贸易代表团、大使馆和领事馆，这些地方如果不因你获利而不高兴的话，通常都很合作。同时，很多国家资助在国外的文化机构以推动本国的商业与文化。规模最大的几个是：

　　歌德协会： 由德国政府资助，将德国企业与文化推广到国外。该机构在70多个国家有150个站点，其中员工人数超过70人的位于纽约、伦敦、巴黎、东京、莫斯科、开罗、雅加达和罗马的站点是比较大型的站点。该机构的3 600名员工分别来自德国和全球其他国家。

　　法语联盟： 全球最大的法语和文化中心。在112个国家设有1 300个联盟分会——仅在美国就有150个——为400 000名学生提供服务。

　　日本基金会： 在17个国家支持了两个日本文化研究所、五个日本文化中心以及11个办公室。该基金会在日本外务省的支持下建立于1972年，其目的是推动国际事务中的相互理解和朋友关系。活动经费来自政府捐助的经营收益、政府援助以及私人部门的资助和捐助。

　　美国新闻署： 美国联邦政府的机构之一，控制着90多个国家的文化中心，包括图书馆和多媒体资源。目的是在全球范围内推动美国式商务和美国文化

（法国人称为矛盾修辞法）。

网络资源

　　这决不是全部国际商务伦理的网络资源链接。大多数网站附上了网络链接，其中有多个已作为本书资料来源。

　　澳大利亚商务伦理网（Australian Business Ethics）http：//www. bf. rmit. edu. au/Aben/
　　包括教育课程、会议与事务一览表、推荐网站的清单以及包含各种管理与伦理话题讨论稿的伦理论坛。

　　商务社会责任协会（BSR）http：//www. bsr. org/
　　商务社会责任协会是帮助企业"通过执行信守高伦理标准的政策和惯例实现长期商业成功"的机构。BSR 拥有 1 500 多名成员，资助关于伦理和行为准则以及全球企业社会责任问题的会议和项目。

　　高斯圆桌会议（the Caux Round Table）http：//www. cauxroundtable. org/
　　包括首个全球商业伦理准则。圆桌会议作为实施商业原则全球化行为的动力之一，进行全球、地区与国家间的对话，并就全球主要问题发布意见书。

　　经济学家伦理观委员会（Council for Ethics in Economics）http：//www. businessethics. org
　　该委员会包括一些优秀出版物与有关伦理观的会谈，它们均提出并讨论伦理问题，也包括互动式的案例研究。

　　伦理观官员协会（Ethics Officer Association）http：//www. eoa. org
　　伦理观官员协会是非营利组织，推广商业伦理惯例，并成为负责制定伦理、合规和商业行为方案的人交流信息与策略的论坛。

　　伦理资源中心（Ethics Resource Center）http：//www. ethics. org
　　伦理资源中心是一家非营利教育机构，提供咨询服务和培训，以帮助企业制定、实施有效的商业伦理政策。

商业与职业伦理研究所（Institute for Business and Professional Ethics）http：//www. depaul. edu/ethics

该研究所由美国德保罗大学支撑，包括"伦理观在线杂志"、其他时事通讯、伦理相关事件的全球日程表。

全球伦理研究所（Institute for Global Ethics）http：//www. globalethics. org

全球伦理研究所总部设在美国，提供很多有关在全球环境中提升公众伦理意识和伦理讨论的服务。该研究所在伦敦和多伦多设有办公室。

国际商务伦理研究所（International Business Ethics Institute）http：//www. business-ethics. org

国际商务伦理研究所总部设在美国华盛顿特区，其目标是帮助企业制定并实施"通过全球公民和伦理行为促进经济发展"的标准。该研究所在巴西和英国设有办公室。网站使用三种语言：英语、法语和葡萄牙语。

透明国际（Transparency International）http：//www. transparency. org

很好的多语种网站（用 12 种以上的语言提供信息），提供所有有关打击企业和政府腐败的信息。透明国际是非营利的非政府组织，其使命是：通过国际和国家联合，鼓励政府制定并实施有效的法律政策和反腐败方案，以此方式治愈腐败；鼓励国际商业交易中的各方以高度的一致性运营。该网站也有很好的链接。

国际商会（International Chamber of Commerce）http：//www. iccwbo. org

提供关于自由市场体制中的国际商务和投资的信息。这一总部设在巴黎的机构也提供了一套国际伦理准则。

企业社会责任（CSR）欧洲数据库（CSR European databank）http：//www. csreurope. org/CSR _ europe/Databank/databankindex. htm

"欧洲企业社会责任参照标准"提供了大量不同企业的信息与当前企业社会责任的惯例和计划。

约瑟夫森研究所（Josephson Institute）http：//www. josephsoninstitute. org

总部位于美国的约瑟夫森研究所是非营利性会员机构，关注提高社会伦理素质。最知名的或许是针对学龄儿童的"性格很重要"（Character Counts!）项目。该网站有大量其他伦理网站的链接。

犹太法律中的商务伦理（business ethics in Jewish law）http：//www. jlaw. com/Article/

提供很多犹太法律视角的商务伦理课题文章。包括：《犹太商务伦理——导引性观点》、《犹太商务伦理观的价值冲突：社会责任还是受托责任》以及《善良的撒玛利亚人：货币层面》。

伊斯兰路径（Islamic paths）http：//www. islamic-paths. org
综合性网站，提供有关伊斯兰商务伦理与原则的信息。

伊斯兰商业与行业会所（Islamic Chamber of Commerce and Industry）http：//www. islamic-commerce. org/

该网站致力于鼓励穆斯林上网，帮助穆斯林在企业及其职业生涯中的发展。同时，也为不熟悉伊斯兰商业惯例的人提供这方面的知识。网站上有其他伊斯兰商业网站的链接。

加拿大商务社会责任协会（Canadian Business for Social Responsibility，CBSR）http：//www. cbsr. bc. ca/index. html

包括企业社会责任、企业社会责任十步骤、"善良企业"、机构在线简讯和CBSR 指导原则。还有一个"自我审查"部门，企业可以用它评估 CSR 项目。

计算机专家社会责任协会（Computer Professionals for Social Responsibility，CPSR）http：//www. cpsr. org/program/ethics/ethics. html

CPSR 伦理工作组"力图刺激和提升大众对计算机和信息技术中的社会与伦理含义的了解，包括出于任何目的进行的设计、制造、处置和应用。"包括有用的文章和其他网站资源的链接。

欧洲商务伦理网（European Business Ethics Network）http：//www. eben. org/

其作用是鼓励和方便思想交流，讨论与辩论常见的伦理问题和难题。网络成员包括商业人士、公共部门管理者和学者。

社会基金（Social Funds）http：//www. socialfunds. com

由社会责任投资世界组织创办，专门提供关于社会责任共同基金的信息。它提供业绩数据和基金描述。

国际商业经济伦理协会（International Society of Business）
Société internationale d'éthique，d'économie et de gestion
http：//www. nd. edu/-isbee/

该协会的目标是方便信息的传播，促进企业、学者、专业社会以及其他在全球范围对企业和经济学家伦理因素感兴趣的人之间的交流。

创造性领导力研究中心（the Center for Creative Leadership）http：//www. ccl. org

该中心是国际性的非营利教育机构，通过研究来建立全球化和国际化的管理实践模型。

■ 书籍

COUNTRY BUSINESS GUIDE SERIES
World Trade Press，Novato，California 1994-2002. 12 country-specific comprehensive texts on doing business in major emerging markets.

Curry, Jeffrey Edmund, *A SHORT COURSE IN INTERNATIONAL NEGO-TIATING*
World Trade Press, Petaluma ，CA 2008.

Flynn, Nancy. *THE E-POLICY HANDBOOK：DESIGNING AND IMPLE-MENTING EFFECTIVE E-MAIL，INTERNET，AND SOFTWARE POLICIES*
AMACOM，New York 2001.

Hofstede，Gert，*CULTURES CONSEQUENCES：INTERNATIONAL DIFFERENCES IN WORK-RELATED VALUES*
Sage Publications 1984.

Lewis，Richard D. ，*WHEN CULTURES COLLIDE*：*MANAGING SUC-CESSFULLY ACROSS CULTURES*

Nicholas Brealey Publishing，London，England 1996.

Mitchell，Charles ，*A SHORT COURSE IN INTERNATIONAL BUSI-NESS CULTURE*

World Trade Press，Novato，California 2000.

Morgan，Eileen，*NAVIGATING CROSS-CULTURAL ETHICS*：*WHAT GLOBAL MANAGERS DO RIGHT TO KEEP FROM GOING WRONG*

Butterworth-Heinemann（Trd），Newton MA，1998.

PASSPORT TO THE WORLD SERIES

25 country-specific books on the business culture of countries.

World Trade Press，Novato，California 1996 - 2003.

Schell，Michael S. and Solomon，Charlene Marmer，*CAPITALIZING ON THE GLOBAL WORKFORCE*：*A STRATEGIC GUIDE FOR EXPATRI-ATE MANAGEMENT*

Irwin Professional Pub，New York，New York 1996.

Zadeck，Simon，*THE CIVIL CORPORATION*：*THE NEW ECONOMY OF CORPORATE CITIZENSHIP*

Earthscan Publications Ltd. ，London 2001.

▦ 研究与报告

Alexander，Lucy. *THE GLOBAL INVESTOR AND CORPORATE GOV-ERNANCE*：*WHAT DO INSTITUTIONAL INVESTORS WANT?*

The Conference Board，New York 2001.

Berenbeim，Ronald. *COMPANY PROGRAMS FOR RESISTING COR-*

RUPT PRACTICES: A GLOBAL STUDY

The Conference Board, New York 2000.

Berenbeim, Ronald. *GLOBAL CORPORATE ETHICS PRACTICES: A DEVELOPING CONSENSUS*

The Conference Board, New York 1999.

Hodess, Robin, Banfield, Jessie, Wolfe, Toby. *GLOBAL CORRUPTION REPORT 2001*

Transparency International, Berlin 2001.

Zadeck, Simon. *DOING GOOD AND DOING WELL: MAKING THE BUSINESS CASE FOR CORPORATE CITIZENSHIP*

The Conference Board, New York 2000.

公司治理

澳大利亚

Australian Investment Managers' Association (AIMA), "Corporate Governance: A Guide for Investment Managers and Corporations" (Blue book), Second Edition, AIMA: Sydney, July 1997. Working Group representing Australian Institute of Company Directors, Australian Society of Public Accountants, Business Council of Australia, Law Council of Australia, The Institute of Chartered Accountants in Australia and Securities Institute of Australia, "Corporate Practices and Conduct" (Bosch Report), Third Edition, Information Australia: Melbourne, 1995.

比利时

Brussels Stock Exchange (BSE), "Report of the Belgium Commission on Corporate Governance" (Cardon Report), BSE: Brussels, 1998.

巴西

Brazilian Institute of Corporate Governance, "Code of Best Practice," Brazilian Institute of Corporate Governance, São Paulo, June 1999.

加拿大

Pension Investment Association of Canada (PIAC), "Corporate Governance

Standards, " Fourth Publication, PIAC: Toronto, June 1998.

Toronto Stock Exchange Committee on Corporate Governance in Canada, "Where were the Directors? " (Dey Report), Toronto Stock Exchange: Toronto, December 1994.

法国

Hellebuyck Commission on Corporate Governance, "Recommendations on Corporate Governance" (AFG), Association Francaise de la Gestion Franciare: Paris, June 1998.

Marini, Philippe, "Marini Report, " Conseil National du Partonat Français (CNPF) and Association Francaise des Enterprises Privés (AFEP): Paris, 1996.

Vienot, M. Marc, et al, "The Board of Listed Companies in France," Conseil National du Partonat Francais (CNPF) and Association Francaise des Enterprises Privés (AFEP): Paris, 1995.

德国

Deutsche Bundestag, "Gestez zur Kontrolle und Tranzparenz im Unternehmensbereich" (Law on Control and Transparency in the Corporate Sector) (KonTraG), Deutsche Bundestag: Bonn, March 1998.

中国香港

Hong Kong Society of Accountants (HKSA), "A Guide for the Formation of an Audit Committee," HKSA: Hong Kong, December 1997.

Stock Exchange of Hong Kong (SEHK), "Guide for Directors of Listed Companies, " SEHK: Hong Kong: September 1997.

SEHK, "The Listings Rules, Listing Agreements (Appendices 7a, b and i to the Listings Rules), " SEHK: Hong Kong, 1999.

印度

Confederation of Indian Industry (CII), "Desirable Corporate Governance: A Code, " CII: New Delhi, April 1998.

爱尔兰

Irish Association of Investment Mangers (IAIM), "Corporate Governance, Share Option and other Incentive Scheme Guidelines, " IAIM: Dublin, March 1999.

意大利

Draghi, Mario, "Le Proposte della Commissione Draghi," (The Proposals of the Draghi Commission), II Sole 24 Ore On Line: Rome, July 1998.

日本

Pension Fund Corporate Governance Research Committee, "Action Guidelines for Exercising Voting Rights, " Kosei Nenkin Kikin Rengokai: Tokyo, June 1998.

Corporate Governance Committee, "Corporate Governance Principles," Corporate Governance Forum of Japan: Tokyo, May 1998.

吉尔吉斯斯坦

Kenenbaev, Temirbek, et al, "Civil Code for the Public Company, " formerly "Handbook on Best Practice, " Civil Code of Kyrgyzstan: Bishbek, 1996 – 1997.

马来西亚

High Level Finance Committee on Corporate Governance, Chapter 5, " The Malaysian Code on Corporate Governance, " High Level Finance Committee Report on Corporate Governance: Kuala Lumpur, February 1999.

荷兰

Vereninging van Effectenbezitters (VEB), "Ten Recommendations on Corporate Governance in the Netherlands, " VEB: The Hague, 1997.

Peters Committee, "Corporate Governance in The Netherlands-Forty Recommendations," Secretariat Committee on Corporate Governance: Amsterdam, June 1997.

经济合作与发展组织

Organization for Economic Co-Operation and Development (OECD), "Principles of Corporate Governance, " OECD: May 1999.

俄罗斯

Yeltsin, Boris, President of the Russian Federation, "Decree on Measures to Ensure the Rights of Shareholders" (formerly "Declaration of Shareholder Rights"), Parker School of Foreign and Comparative Law, Legal Matters, Columbia University, Release No. 28, Transnational Juris: New York, 1996.

新加坡

Stock Exchange of Singapore, "Listing Manual (as amended) and Best Practices Guide, " Stock Exchange of Singapore: Singapore, 1999.

南非

King, Mervyn E. , et al, "The King Report on Corporate Governance, " Institute of Directors of Southern Africa: Johannesburg, November 1994.

西班牙

Olivencia Ruiz, Dr. Manuel, et al, "Tendencias en los Mercados de Valores，" Special Commission to Consider a Code of Ethics for Companies' Boards of Directors：Madrid，February 1998.

瑞典

Swedish Academy of Directors，"Good Boardroom Practice," Swedish Academy of Directors：Stockholm，March 1994.

泰国

Stock Exchange of Thailand (SET)，"The SET Code of Best Practice for Directors of Listed Companies，" SET：Bangkok，1998.

英国

London Stock Exchange (LSE)，"Hampel：The Combined Code，" London Stock Exchange：London，June 1998.

Committee on Corporate Governance (Hampel Report)，"Final Report," London Stock Exchange：London，January 1998.

Study Group on Directors' Remuneration (Greenbury Report)，"Final Report," London Stock Exchange：London，July 1995.

Cadbury，Adrian，et al，"The Financial Aspects of Corporate Governance," London Stock Exchange：London，December 1992.

美国

California Public Employees' Retirement System，"Corporate Governance Market Principles," CalPERS：Sacramento，April 1998.

New York Stock Exchange and National Association of Corporate Directors (NACD)，"Report of the NACD Blue Ribbon Commission on Improving the Effectiveness of Corporate Audit Committees," New York Stock Exchange：New York，December 1998.

National Association of Corporate Directors (NACD)，"Report of the NACD Blue Ribbon Commission on CEO Succession," NACD：Washington，D. C.，July 1998.

Council of Institutional Investors (CII)，"Core Policies," CII：Washington，D. C.，March 1998.

Business Roundtable，"Statement on Corporate Governance," The Business Roundtable：Washington，D. C.，September 1997.

General Motors Board of Directors，"GM Board of Directors Corporate Governance Guidelines on Significant Governance Issues," Second Edition，General Motors：Detroit，June 1997，Revised March 1999.

National Association of Corporate Directors (NACD)，"Report of the

NACD Blue Ribbon Commission on Director Professionalism," NACD: Washington, D. C. , November 1996.

Teachers Insurance and Annuity Association—College Retirement Equities Fund (TIAA-CREF), "TIAA-CREE Policy Statement on Corporate Governance, " New York, October 1997.

翻译说明

　　本书的翻译工作由北京第二外国语学院倪晓宁统一组织安排，其中，第一、三章以及第八至十一章由研究生王丽君翻译，第十四、十六和十七章由倪晓宁翻译，第十二章由研究生王丽翻译，第二、十五和十八章由研究生孔存节翻译，第四章由王丽君和孔存节共同翻译，第五至七章由王丽君和倪晓宁共同翻译，第十三章由孔存节和倪晓宁共同翻译，最后倪晓宁对全书进行了校对和修订。此外，翻译工作结束后，研究生王丽君、王丽、孔存节和刘楠通读了全文并提出了宝贵的改进意见，在此表示感谢。

图书在版编目（CIP）数据

国际商务伦理/米歇尔著；倪晓宁等译．—3版．—北京：中国人民大学出版社，2012.6
（国际贸易经典译丛·简明系列）
ISBN 978-7-300-15873-0

Ⅰ.①国…　Ⅱ.①米…　②倪…　Ⅲ.①国际商务-商业道德　Ⅳ.①F740②F718

中国版本图书馆 CIP 数据核字（2012）第 106072 号

国际贸易经典译丛·简明系列
国际商务伦理（第三版）
查尔斯·米歇尔　著
倪晓宁　王丽君　孔存节　王　丽　译
倪晓宁　校
Guoji Shangwu Lunli

出版发行	中国人民大学出版社		
社　　址	北京中关村大街 31 号	**邮政编码**	100080
电　　话	010－62511242（总编室）		010－62511770（质管部）
	010－82501766（邮购部）		010－62514148（门市部）
	010－62515195（发行公司）		010－62515275（盗版举报）
网　　址	http://www.crup.com.cn		
经　　销	新华书店		
印　　刷	北京宏伟双华印刷有限公司		
规　　格	185 mm×260 mm　16 开本	**版　　次**	2012 年 7 月第 1 版
印　　张	13.75 插页 1	**印　　次**	2019 年 7 月第 2 次印刷
字　　数	253 000	**定　　价**	29.00 元